청소년 사역은 내 마음의 고향과도 같다. 그래서인지 현장 냄새 물씬 나는 책을 접하는 데에는 남다른 기쁨이 있다.

저자의 말처럼 이 책은 쉽게 쓰여진 책이 아니다. 이 책에는 오랜 기간 청소년들과 함께 울고 웃었던 이재욱 목사의 뜨거운 마음과 열정이 담겨 있다. 아울러 청소년들에게 그리스도를 전하기 위해 애쓰는 가운데 체득된 지혜로운 방법론이 균형 있게 제시되고 있다.

백 번 고민하는 것보다 한 번 배우는 것이 낫다는 말이 있다. 좋은 선배, 좋은 동료의 경험을 살피는 일은 사역을 더욱 풍성하게 하는 지름길이다. 이 책이 한국 교회 청소년 사역 현장을 위해 아름답게 쓰일 것을 확신하면서, 기꺼운 마음으로 추천한다.

_ 이찬수 목사(분당우리교회 담임목사, 「YY부흥보고서」 저자)

"위기가 곧 기회"라는 말이 있다. 청소년 사역이 힘들다고 말하는 지금이 어떤 면에서 사역을 가장 잘할 수 있는 기회의 시기 아니겠는가? 어쩌면 안 되는 것이 아니라, 안 하는 것이라는 생각을 자주 한다. 이 책은 나의 생각을 뒷받침해 줄 또 하나의 증거가 될 것이다.

이재욱 목사는 오랜 기간 나와 함께해온 동역자이자, 동생 같은 후배다. 아이들을 향한 그의 가슴앓이를 곁에서 지켜봐왔기에, 그의 가슴속에 있는 주님을 향한 마음, 아이들을 향한 마음을 잘 알고 있다. 이 책은 그 마음을 담아 하나하나의 사역을 여러분과 함께 나누기 위해 쓴 글이다.

이 책에는 올바른 사역 원리와 실제적인 노하우가 풍성하게 담겨 있다. 이 책을 통해 이 땅의 청소년 사역자들이 힘과 용기를 얻게 되길 기도하며 축복한다.

_ 홍민기 목사(BIM대표, 함께하는교회 담임목사, 「탱크목사 중고등부 혁명」 저자)

처음에는 그저 청소년들이 좋아서 중고등부 사역을 시작했다. 시간이 흐르고 전문 사역자로 불릴 때가 되니 '청소년'이란 단어만 들어도 눈이 열리고, 귀가 끌려가는 것을 느꼈다. 이제는 아예 '청소년'이란 단어를 늘 마음속에 품고 교회 교육을 걱정하는 자신을 발견하게 된다. 그리고 여기 그 마음을 공유하는 또 한 명의 사역자를 만났다.

처음 이재욱 목사를 만난 것은 수년 전 〈청소년 사역자 워크숍〉에 강사로 참여할 때였다. 신사적이고 매력 있는, 균형 잡힌 사역자라는 생각이 들었다. 그리고 나는 이 책 속에서 보다 원숙한 전문 사역자로 발돋움한 그를 만났다. 본서를 통해 그의 마음을 공유하고, 성공적인 사역의 원리와 결과를 나누는 일이 청소년을 지도하는 목회자와 교사들에게 큰 유익을 주리라 확신한다.

_ **손종국 목사**(청소년교육선교회 대표, 「청소년 교육」 저자)

스스로 일어설 힘이 없어 주저앉아 있는 청소년들을 위해 진심으로 눈물 흘리는 사역, 안간힘을 쓰며 일어서려 발버둥치는 청소년들을 위해 목이 터져라 힘내라고 응원해주는 사역, 그것이 내가 이해하는 청소년 사역이다. 수년간 동역하며 지켜본 이재욱 목사는 바로 그런 사역자이다. 청소년들을 사역 현장의 주인공으로 세우고 열렬히 지지하며 응원해주는 사역자이다.

바른 사역 철학, 그리고 절절한 청소년 사랑으로 현장을 누빈 열정의 사역자, 아무리 시간이 촉박해도 결코 서두르거나 과속하지 않고 지켜야 할 것을 묵묵히 지켜낼 줄 아는 중심 바른 청소년 사역자의 이야기를 함께 나누게 된 것이 너무나도 큰 기쁨이 된다. 땀과 눈물로 쓰여진 이 책은 사역의 돌파구를 찾는 이 땅의 모든 청소년 사역자들에게 흥분과 감격을 가져다주기 충분하리라 확신한다.

_ **김정윤 목사**(사랑의교회 고등 1, 2부)

15년이라는 세월을 청소년 사역자로 지내오며, 또한 지금도 교목의 자리를 지키면서 가장 어려운 일은 좋은 내용의 프로그램을 찾는 것도, 기발한 아이디어를 뽑아내는 것도, 청소년들만의 용어를 이해하는 것도 아니다. 바로 청소년에 대한 열정과 사랑을 유지하는 것이다. 이는 비단 나뿐 아니라, 이 땅의 청소년들과 함께 호흡하며 눈물을 쏟는 모든 청소년 사역자들의 고민일 것이다. 여기에 또 한 사람, 그 열정을 지켜내기 위해 몸부림치는 내 친구이자, 여러분의 동역자를 소개하게 되어 얼마나 감사한지 모르겠다.

청소년 사역에 관한, 그 이론과 방법에 관한 많은 책들이 있지만, 시류에 편승하지 않고 도전하는, 그래서 "청소년 예배, 문화코드에 목매지 마라!"고 당당히 외칠 수 있는 사역자는 그리 많지 않을 듯하다. 이 책이 청소년 사역자들의 새로운 도전을 위한 좋은 발판이 되리라 더욱 기대하게 되는 것도 바로 그 이유 때문이다.

_ 박한결 목사(신일중고등학교 교목)

몇 년 전, 나는 중등부 교사로 섬기면서 이재욱 목사를 만났다. 시원스러운 얼굴에 요지가 분명한 설교, 그리고 무엇보다 청소년을 사랑하는 마음을 가진 분이었다. 마음이 복잡하고 공부에 스트레스가 많던 학생들은 자신들을 깊이 헤아려주며, 바른 길로 인도하리라는 신뢰를 주는 목사님을 잘 따랐다.

이 책은 청소년 사역에 대한 직접적인 경험을 바탕으로 집필된 책이다. 청소년의 특성, 중고등부 운영방안, 청소년 전도 방법, 청소년 공동체 및 수련회 프로그램, 그리고 교사 훈련에 대한 해법이 이 속에 담겨 있다. 이재욱 목사의 경험과 영적인 지혜가 담긴 이 책이 청소년 사역을 위해 노력하는 많은 분들에게 실제적이고 구체적인 도움을 줄 것으로 생각한다.

_ 권덕원 집사(경인교육대학교 교수)

이재욱 목사는 동역자이자, 스승이며 친구였다. 교사로서 목사님과 함께 중등부를 섬겼던 시간이 그리울 때가 많다. 목사님에 대해 이야기하면, 수년이 지난 지금도 눈물을 글썽거리는 제자들이 있다. 한 친구는 이렇게 말했다. "목사님은 맑고 변함없으세요. 세상적으로 부족함이 없어서 하나님의 필요를 알지 못하는 아이들에게나, 절실히 하나님을 구하는 아이들에게나 모두 큰 영향을 주셨어요." 그리고 그 제자들은 여전히 견실한 뿌리를 가지고 좋은 신앙인으로 성장해가고 있다.

이 책은 그런 목사님의 한 땀, 한 땀이 빚어낸 결실이다. 그리고 책 제목 그대로의 진실이다. 곳곳에 사역자들이 놓치기 쉬운, 또는 잘못 알고 있었던 중요한 대목들을 발견하는 기쁨이 있다. 목회자뿐만 아니라, 중고등부 교사들도 꼭 읽어 보기를 적극 추천한다.

_ 정재영 집사(정신여자중학교 교사)

중고등부,
2년 안에
성장할 수 있다

중고등부, 2년 안에 성장할 수 있다

1판 1쇄 발행 2009년 9월 8일
1판 8쇄 발행 2021년 4월 10일

지은이 이재욱
펴낸이 신은철
펴낸곳 좋은씨앗
출판등록 제4-385호(1999.12.21)
주소 서울시 서초구 바우뫼로 156 (양재동, 엠제이빌딩) 402호
주문전화 02-2057-3041 주문팩스 02-2057-3042
페이스북 facebook.com/goodseedbook
ISBN 978-89-5874-136-7 03230

책값은 뒷표지에 있습니다.

2년 안에 틀잡고 성장하는 중고등부 사역 매뉴얼

중고등부, 2년 안에 성장할 수 있다

이재욱 지음 | 이찬수·홍민기 목사 추천

좋은씨앗

contents

| 추천사   1
| 들어가는 글   12

PART 1 청소년 문화와 청소년 사역의 이해

1 청소년들도 모르는 청소년의 정체성 밝히기   21

청소년들은 외계인이 아니다
청소년에겐 있다, 어른에겐 없다
문제가 있어야 정상이다
문제가 없다는 것이 문제다
소통이 되어야 교육이 된다
성숙해 가고 있는가

2 청소년들이 정말 원하는 것   38

어느 집에서 있었던 일
청소년들은 좋은 모델이 필요하다
좋은 모델이 되어야 한다
청소년들은 관계가 필요하다
친구 같은 어른이 되라
절대로, 절대로 포기하지 마라!

3 청소년들의 상황, 이것만은 꼭 이해하라   54

가치관 : 꼭 그래야 해요?
비전 : 꿈을 강요하지 말라
직업관 : 직업은 사명이다
성 : 왜곡된 성문화 속에서

부모관계 : 아이들도 울고 있다
학업 : 1등은 한명이다
친구관계 : 또래집단 안에서
자존감 : '나는 안 돼'라고 말하는 아이들에게

PART 2 중고등부 사역 실전 매뉴얼

4 대상으로 분류하는 세 가지 사역　73

학생을 동역자로 세워라
교사로서의 전문성을 갖춰라
학부모를 후원자로 세워라

5 중고등부 운영의 기본기 다지기　78

목적과 목표, 대상을 분명히 하라
담당자의 능력을 냉정히 고려하라
사람을 위한 사역을 하라
선택해서 집중하라
잘 하는 것보다 적절한 때에 하는 것이 중요할 수 있다

6 중고등부 조직 바로 세우기　91

조직에 사람을 맞추지 말고 사람에 조직을 맞춰라
좋은 조직을 위해서는 사람을 얻어야 한다
교사의 선발과 역할
학생 리더들의 선발과 역할

7 사역자들의 해묵은 고민, 공과공부   104

공과를 이대로 포기할 순 없다
공과를 공과 시간에만 하지 마라
공과를 살리려면 수준별 양육을 하라
공과 지도를 위한 교육과 나눔의 장을 만들라
효과적인 성경공부 교재 만들기의 실제
청소년이 이끄는 소그룹을 시도하라
친교, 봉사를 위한 학생 소그룹을 활성화하라
전도 중심의 소그룹을 구축하라

8 예배와 설교로 승부하라   127

청소년 예배, 문화코드에 목매지 마라
결국 설교가 문제다
설교가 살아나면 이런 반응이 온다
청소년 설교, 어떻게 할 것인가?

9 아이들이 머물고 싶어하는 중고등부 만들기   139

신학기, 신입생을 어떻게 잡을 것인가?
장기결석자 관리만 신경 쓰다간 망한다
청소년 전도만큼 재밌고 쉬운 것도 없다
청소년 전도와 정착을 돕는 관계 쌓기 노하우
새신자반 이렇게 운영하라
전도를 위한 행사는 이렇게 진행하라
학원 사역은 이렇게 열어가라

10 교사와 학부모, 동역의 관계 이루기   161

포기할 수 없는 교사 훈련
교사 모임과 기도회
학부모 초청 예배와 간담회
가정을 돕는 청소년 사역
학부모와 교사를 통한 청소년 사역 후원자 세우기

11 하나의 공동체로 세워져가는 중고등부   172

청소년 수련회에 승부를 걸어라
수련회 준비는 이렇게 하라
수련회의 실질적인 성패는 조 편성에서 좌우된다
수련회 기획과 진행의 실제
세계를 품는 그리스도의 청소년
수련회 후속 프로그램 및 다양한 형태의 공동체 훈련

PART 3 중고등부 교육, 기획에서 실행까지

12 2년 사역의 밑그림 그리기   213

1년차 : 팀워크를 만들라
2년차 : 사역의 집중력을 높여라

13 중고등부 교육 매뉴얼의 예   224

| 나가는 글   254

들어가는 글

"침체된 우리 교회 중고등부를 다시 살리려면 어느 정도의 시간이 필요할까요?"라고 누군가 내게 묻는다면 "2년이면 가능할 것입니다"라고 대답할 것이다. 물론 그 앞에 필요한 단서가 있다. "주님이 반대하시지만 않는다면." 이 책은 청소년 사역자들이 적어도 2년 안에 자신이 담당하는 중고등부의 분명한 변화를 경험하도록 돕기 위해 썼다.

한국교회의 청소년 사역은 대부분 단기 사역자들이 담당하고 있다. 상황이 이렇다 보니 사역의 전문성이라는 측면이 약한 것이 사실이다. 최근 들어 청소년 사역의 중요성이 재조명되면서 전문적인 장기 사역자를 배출할 수 있는 토양을 만들자는 논의가 곳곳에서 이루어지고 있다. 참으로 고무적인 현상이다. 그러나 그와 동시에 고려되어야 할 중요한 사안이 있다. 수많은 대안이 나온다 할지라도 대다수 교회학교 중고등부는 단기 사역자들이 감당하게 될 것이라는 사실이다. 한국 땅에 전문적인 청소년 전임사역자를 배치할 수 있는 교회는 극소수에 불과하다. 혹 그런 환경이 제공된다 해도 그 자리를 채울 사역자들 모두가 청소년 사역만을 장기적으로 한다는 것은 결코 쉽지 않은 일이다.

현장을 조금이라도 경험한 사역자라면 이 사실에 동의할 것이다.

그렇기 때문에 장기적으로 청소년 사역을 한 사역자들은 단기 사역자들을 돕기 위해 청소년 사역과 관련된 자료들을 정리해야 한다. 단기 사역자들은 그 자료의 도움을 얻어 최대한 빠른 시간 안에 청소년 사역의 핵심을 소화해낼 수 있을 것이다. 선배들의 경험을 통해 시행착오를 최소화하고, 보다 효과적인 사역을 이루어갈 수 있을 것이다.

뿐만 아니라 장기 사역을 꿈꾸는 사역자들에게도 이러한 지침서는 반드시 필요하다. 구체적인 선배들의 경험을 디딤돌로 시행착오를 줄이고, 훨씬 짧은 시간 안에 사역을 바른 방향으로 꾸려 갈 수 있을 것이다.

그러나 안타깝게도 한국 땅에서 사역 현장의 땀 냄새가 물씬 풍기는 청소년 사역 지침서들을 찾아보기가 쉽지 않다. 물론 귀감이 될 만한 좋은 선배 사역자들의 발자취가 없는 것은 아니지만 보다 더 많아지고 풍성해져야 한다. 바로 이것이 이 책을 집필한 가장 직접적인 동기이며, 현장에서 만난 수많은 사역자들의 요구이기도 하다.

목회자든 교사든 일단 사역을 시작하면 딱 1년만 하겠다고 생각하지는 않는다. "결과야 어떻든 1년은 적응하는 기간이고, 2년 정도는 헌신해야 하지 않는가?" 하는 것이 현장의 보편적인 정서이다. 2년은 하겠다면, 2년 동안 뭔가 승부를 걸어야 하지 않겠는가? 그저 몇 번 시작만 하다가 끝나는 사역으로 만족하고 넘어갈 수는 없다. 물론 결과는 하나님께서 정하실 것이다. 그러나 충성은 우리의 몫이다. 주님이 허락하신 사역에 충성을 다할 때, 하나님께서는 반드시 어떤 형태로든 열매를 주실 것이라고 믿는다. 2년 안에 중고등부는 바뀔 수 있다. 우리는 이 믿음 위에 사역을 꾸려가야 한다.

이 책이 아래와 같은 목적과 대상을 위해 사용되기를 바란다.

1. 전문적인 청소년 사역을 꿈꾸는 사역자들은 사역의 첫 2년을 견고히 세워줄 안내서로 활용하기를 바란다.
2. 청소년 사역을 5년 이내로 생각하는 단기 사역자들은 이 책을 통해 최대한 빠른 시간 안에 사역을 정상 궤도에 올려놓고 열매를 거둘 기대를 가지기를 바란다.
3. 그 동안 청소년 사역을 해왔지만, 여전히 사역의 구도가 잡히지 않는 사역자들은 이 책을 통해 사역의 전반적인 체계를 정리하고, 균형 있는 사역을 꾸려가기를 바란다.
4. 지금까지 청소년 사역을 잘 꾸려온 사역자들은 또 다른 사역자의 현장을 들여다보면서, 자신의 사역을 정리하고 새로운 사역의 아이디어를 구상하는 일에 활용하기를 바란다.
5. 마지막으로 장기간 청소년 사역을 통해 이 책에서 제시하는 것보다 더 많은 경험과 자료를 가진 사역자들은 이 정도 내용도 용기 있게 내어 놓는 사람도 있다는 사실에 도전을 얻을 수 있기를 바란다. 단, 성급히 책장을 덮어버리지 말고 찬찬히 책을 살펴본 후 하루 속히 더 좋은 자료들을 현장에 내놓을 수 있었으면 한다. 그것은 권리가 아니라 의무이다. 아울러 청소년 사역을 위해 당신

과 함께 달려온 한 동역자의 부탁이다.

미숙한 역량 탓에 온전히 담아내지 못한 부분이 있을 수 있지만, 이 책은 결코 쉽게 쓰여진 책은 아니다. 98년도에 교육전도사로 처음 청소년 사역을 시작한 이래, 나는 10년 동안 오직 청소년들만을 위해 달려왔다. 20여 명이 모였던 작은 중고등부로부터 400여 명이 넘게 모이는 대형교회 현장까지 경험해 오면서 모든 현장에서 적게는 20~30퍼센트에서, 많게는 두세 배가 되는 크고 작은 수적 성장을 경험하기도 했다. 이 책에 그 치열했던 사역 현장을 고스란히 담고자 노력했다.

2003년 10월 첫 모임으로 시작된 브리지임팩트사역원(BIM)은 교회 중고등부 사역에만 전념하던 내 사역의 지평을 넓혀 준 중요한 곳이 되었다. 한국교회 청소년 사역에서 중요한 획을 그은 홍민기 목사님과 3년 가까이 동고동락했던 시간은 나에게 청소년 사역자라는 이름표를 달아 주었다. BIM 한국 본부를 세우고, 사역을 본 궤도 위에 올려놓느라 몸부림쳤던 그 기간은 한국교회 청소년 사역의 현실을 바닥부터 체험한 시간이었다.

그동안 나는 놀이 중심의 대형 캠프로 청소년 사역 현장에 큰 반향을 불러 일으켰던 BIM 청소년캠프를 16회에 걸쳐서 총진행했다. 그때의 경험들을 수십여 회에 이르는 교회 수련회 경험과 한데 묶어 「수련회 카운터펀치를 날리다」(BIM)를 집필했다. 이를 시작으로 BIM 청소년교재와 예장합동 총회교육개발원 공과 및 교육 자료까지 집필활동이 확장되었고, 청소년들을 위한 보다 다양한 이론적, 실제적 고민을 하게 되었다.

나는 기가 막힌 이론으로 여러분을 설득하려고 이 책을 집필한 것이 아니다. 또한 책상머리에 앉아서 청소년과 청소년 사역에 대한 책이나 몇 장 넘겨보고 그저 읽기 좋게 잘 둘러 쓴 책을 내어 놓으려는 것도 아니다. 나는 이야기꾼이 아니라 증인으로서 이 책을 내어 놓는다. 지난 10년 간 내 사명의 전부요, 내 인생의 전부와도 같았던 청소년 사역 현장에 대한 증인으로서 말이다.

늘 부족했지만, 그래도 청소년들을 더 사랑하기 위해 전력했고, 사명과 사역의 본질을 붙들기 위해 씨름했으며, 본질을 담아내는 더 좋은 그릇을 빚어내기 위해 밤을 지새웠다. 그리고 그 속에서 목격한 변화의 열매들, 수많은 간증들이야말로 청소년 사역은 반드시 된다는 증인으로 설 수 있는 용기를 주었다.

10년 사역을 마무리하고, 이제 영원한 청소년 사역자로서 새로운 도전을 시작한 즈음에, 이렇게 우리 소중한 청소년 사역의 동지들에게 부족한 책을 내어 놓는다. 부디 찢겨지고 썩어져서 한국 교회 청소년 사역이 한 단계 더 성숙토록 돕는 작은 밀알이 되기를 간절히 바란다.

부족한 자식 놈, 늘 이해해주시고 주의 종 되었다고 기뻐하고 자랑스러워 해주시는 아버지, 어머니께 말로 다할 수 없는 감사를 전한다. 늘 기도해주고 응원해 주시는 장인어른, 장모님, 처가 식구들에게도 감사를 전한다.

나의 목회의 뿌리이신 외조부 고(故)윤형진(반석) 목사님, 외숙부 고

(故)윤성덕 목사님과 청소년 사역 현장을 기꺼이 내어주시고, 무한한 신뢰를 주셨던 네 분의 목사님, 강석조 목사님, 장성민 목사님, 홍민기 목사님, 장봉생 목사님, 또 동고동락했던 BIM 식구들, 가슴에 지워지지 않을 얼굴로 남은 모든 선생님들, 늘 용기와 위로 되는 여러 선후배 동역자들, 그리고 대방중앙교회 교우들에게 감사의 마음 전한다.

나의 면류관, 사랑하는 제자들 고맙다. 언제 어디서 다시 만나더라도 서로에게 부끄럽지 않은 하나님의 사람이 되자는 약속 기억하지? 나를 위해 흘려준 너희들의 눈물에 부끄럽지 않은 선생이 되마.

무엇보다 사랑하는 아내 진화, 내가 받을 칭찬이 혹 있다면 그 중 대부분은 아내의 몫이리라. 하나님 아버지의 사랑을 알게 해준 두 자녀 다현이, 의현이에게 깊은 사랑과 감사를 전한다.

Part 1
청소년 문화와 청소년 사역의 이해

chapter 1.
청소년들도 모르는 청소년의 정체성 밝히기

청소년은 외계인이 아니다

"요즈음 아이들은 도통 이해할 수가 없어요." "요새 중고등학생들은 외계인 같아요." 현장에서 청소년 목회자들이나 선생님들께 가장 많이 듣는 이야기다.

많은 이들이 그 원인을 문화적 차이에서 찾는다. 말하자면 세대차이가 난다는 것이다. 그래서 많은 청소년 사역자들은 빠르게 변화하는 청소년 문화를 따라가는 것을 사역의 최우선 조건으로 여기기도 한다. 이들은 청소년 사역을 문화 사역, 빠른 유행이 있는 사역, 젊은 사역자들이 담당해야 하는 사역으로 생각한다. 조금만 연세가 있는 분들은 청소년 사역에 대해 큰 부담을 느끼신다. 이 때문에 연말이 되면 중고등부 교역자들은 "도무지 아이들을 이해할 수 없고, 아이들도 원시인 같은 저를 좋아하지 않아요. 그만두는 것이 좋겠습니다"라는 말을 자주 듣는다. 현장에서 제법 오래 된 사역자들조차 무슨 강박관념처럼 이런 생각을 하고 있는 것도 본다. 결론부터 말하자면, 이러한 생각과 말들은 청소년과 청소년 사역을 잘 모르는 데서 비롯된 것이다.

물론 청소년 사역에 있어 청소년 문화를 이해하는 일이 중요하지 않다는 것은 아니다. 그들의 유행을 알고 언어를 공유하는 일도 필요하다. 그러나 청소년을 이해하는 핵심은 거기에 있지 않다.

한 외국 가수가 한국 공연을 위해 입국했다. 공항에는 그 가수를 환영하기 위해 나온 500여 명의 팬들이 있었고 대부분 소녀 팬들이었다. 공연 당일, 공연장을 가득 메운 팬들이 너무나도 열광하는 바람에 노랫소리가 묻힐 정도였다. 팬들은 꽃과 손수건을 무대 위로 던졌다. 1969년에 있었던 클리프 리차드 내한 공연 때의 일을 기록한 기사를 요약한 내용이다.

1992년 미국의 인기 그룹 뉴키즈 온 더 블록이 내한 공연을 했다. 공연이 시작되면서 팬들이 흥분해 무대 앞으로 몰려드는 바람에 한 여학생이 질식해 숨지고, 여러 사람들이 부상을 입는 참사가 있었다.

빅뱅, 동방신기, 소녀시대, 원더걸스. 2009년의 아이들이 열광하는 아이돌 그룹들이다. 바뀐 게 무엇인가? 바뀐 것은 가수와 노래다. 열광하는 청소년들은 그대로이다. 그렇다면 질문은 "왜 청소년기의 아이들은 스타에 그토록 열광할까?"가 되어야 한다. 달라진 가수의 모양새와 이해할 수 없는 음악 장르를 보고 지레 '요즈음 아이들은 우리와 너무 달라' 할 일이 아니다.

청소년을 이해하는 핵심은 유행하는 문화를 살피는 데 있는 것이 아니라, 청소년 시기만이 갖고 있는 특성을 이해하는 데 있다. 이 특성을 이해하면 아무리 표현의 껍데기가 바뀌어도 충분히 청소년을 이해하고 다가갈 수 있다.

문화는 늘 변화한다. 청소년들의 문화만 변하는 게 아니다. 어른들의 문화도 동일하게 변해간다. 그런데 시대를 막론하고 늘 어른들은 청소년들을 이해할 수 없다고 말한다. 무엇을 의미하는가? 어른들이 청소년들을 낯설어하는 근본적인 이유가 문화에 있지 않다는 것이다.

왜 항상 어른들은 청소년을 이해하기 힘들다고 말할까? 청소년들이 많이 달라졌기 때문이 아니다. 진짜 이유는 어른들이 자신들의 청소년기를 잃어버렸기 때문이다.

어른들은 누구나 청소년이었던 때가 있었다. 그러나 시간이 흐르고 어른이 되면서 청소년기의 특성을 잃어버린다. 동시에 청소년기의 감정도 다 잊어버린다. 청소년기의 감정을 다 잃어버린 채 청소년들을 바라보니 청소년들이 낯설게 보이는 것이다. '아! 이런 게 세대차이라는 거구나' 하고 느낀다. 사실 세대차이가 아니다. 세대차이라기보다 성장단계의 차이라고 해야 할 것이다.

나는 청소년기의 감정을 꽤 오래 간직한 편에 속한다. 나는 중학교 1학년부터 일기를 쓰기 시작했는데, 아직도 남아 있는 그 일기장이 청소년 사역에 참 많은 도움을 주었다. 청소년기에 가졌던 감정을 들여다 볼 수 있게 해주었기 때문이다. 또 나는 간신히 청소년기를 벗어난 군 제대 직후부터 최근까지 청소년들을 직접 가르쳐왔다. 청소년기를 떠나자마자 청소년들에게 돌아간 셈이다. 그러니 청소년기의 감정을 오래 간직할 수밖에 없었다. 청소년기의 감정을 가지고 있으니, 청소년들이 낯설지 않았다. 오히려 나의 청소년기와 너무도 똑같은 모습에 깜짝 깜짝 놀라곤 했다. 요즈음 아이들이 변한 것이 아니다. 우리가 변했다. 우리가 어른이 되어 버린 것이다.

이 사실을 염두에 두고 나면, 청소년을 보는 눈이 달라진다. 청소년 사역에 대한 정의가 바뀐다. 청소년 사역은 문화 사역이 아니다. 유행이 있는 사역도 아니다. 젊은 사람만 할 수 있는 사역도 물론 아니다. 이런 요소들은 모두 부수적인 것들에 불과하다.

우리가 집중해야 하는 것은, 청소년들의 문화를 따라 잡는 일이 아니라 청소년기가 가지는 독특한 특성들을 이해하는 일이다. 그리 어렵지 않을 것이다. 우리도 다 그 시기를 지내왔기 때문이다.

청소년들에겐 있다, 어른에겐 없다

처음 청소년 사역을 시작하고 몇 년까지는 그들의 문화를 따라잡기 위해 상당히 노력했다. 심지어 최신 유행가들은 최소한 몇 곡 정도는 필히 외웠을 정도였다. 아이돌 그룹 이름뿐 아니라 멤버 이름도 외웠다. 일부러 은어들을 물어봐서 습득했다. 솔직히 말하면 무슨 대단한 열정이 있어서 그런 것은 아니었다. 20대 중반의 나이에 사역을 시작했기 때문에 그런 일 자체가 낯설지 않았던 것 같다. 말하자면 청소년들과 문화적인 차이가 기본적으로 크지 않았던 셈이다.

그러나 시간이 흐를수록 그런 일들이 정말 일이 되었다. 사실 문화를 터득한다는 것 자체가 말이 안 된다. 문화는 그냥 즐기고 자연스럽게 동화되는 것이다. 그래서 어느 순간부터인가 그런 일을 놓아버렸다. 솔직히 요즘은 어느 가수나 배우가 가장 인기 있는지 잘 모른다. 워낙 유명한 아이돌 그룹들이라면 이름 정도는 알고 있다. 하지만 그것도 대표곡들 제목이나 알 정도라서 나중에 듣고는 "아, 이게 그 노래야?" 한다. 멤버 이름은 말할 필요도 없고 얼굴도 잘 모른다.

그래서 아이들과 큰 벽이 생겼는가 하면 그렇지 않다. 오히려 사역 초창기보다 아이들이 더 큰 영향력을 받고 있다는 것을 자주 느낀다. 담임목사로 부임한 지금도 아이들은 수시로 찾아오고 조언을 구한다. 어떻게 이런 일이 가능할까? 간단하다. 최신 청소년 문화에는 둔감해졌지만, 청소년기가 가지고 있는 특성에 대한 이해가 보다 깊어졌기 때문이다. 그래서 그들의 진정한 필요를 잘 알고 대응하게 된 것이다. 결국 청소년 사역자의 성숙은 청소년기가 가지는 특성을 이해하고 그들의 진정한 필요에 반응할 수 있게 되는 데서 이루어진다.

필요란 그들에게 꼭 있어야 할 것을 말한다. 그것은 요구와 동일할 수도 있지만, 때로 그들이 전혀 요구하지 않는 내용을 포함할 수도 있다. 죄인은 그리스도를 요구하지 않는다. 오히려 거부한다. 그러나 그리스도가 필요하다. 그리고 구원 이후에도 끊임없이 우리의 요구와 필요는 엇갈리게 나타난다. 때로는 두 가지가 일치하기도 하지만, 정반대가 될 때도 있다. 분명한 것은 우리를 신앙적으로 성숙시키는 것은 필요가 공급될 때라는 것이다. 하나님께서는 우리에게 때로 설득으로 때로 강권적인 역사하심으로 꼭 필요한 것들을 우리가 받아들이게 하신다.

인간이라면 누구나 다 공통적으로 필요한 요소들이 있다. 반면에 그 사람이 가진 환경과 상황 때문에 적용되어야 할 독특한 필요도 있다.

청소년들은 그 시기적인 특성 때문에 꼭 채워져야 할 필요들이 있다.

보통 청소년들은 정말 자신에게 필요한 것이 무엇인지 잘 모른다. 그야말로 질풍노도의 시기이기 때문이다. 자기도 자기를 모르는 것이다. 그들의 요구는 시시때때로 감정에 따라, 유행에 따라 변한다. 그러나 필요는 변하지 않는다.

청소년기의 특성을 이해하고, 필요의 측면에서 청소년들을 조명해 보면 예나 지금이나 그들은 하나도 바뀌지 않았음을 알게 된다. 10년 전 처음 맡았던 아이들이나 가장 최근 가르쳤던 아이들이 똑같다. 그뿐만 아니라 80~90년대 나와 함께 청소년기를 보낸 아이들과 요즈음 아이들도 하나도 다르지 않다. 아마도 인류 역사 전체를 살펴봐도 그리 다르지 않을 것이다.

청소년 사역자는 아이들의 요구를 들어주는 사람이 아니다. 그들의 요구에 반응하는 것은 그들에게 보다 가까이 다가가기 위해서이지 그것 자체가 목적은 아니다. 사역자는 그들의 필요를 채워주는 사람이다. 청소년들은 처음에는 그들의 요구에 민감한 사람들에게 열광한다. 하지만 결국 그들과 진정으로 소통하고 그들에게 깊은 영향력을 주는 사람은 그들의 필요를 채워주는 사람이라는 사실을 명심해야 한다.

그렇다면 청소년들의 필요를 결정짓는 청소년기의 특성은 무엇일까? 청소년들은 있지만 어른들에게 없는 그 무엇일 것이다. 이 때문에 청소년들은 어른들의 눈에 외계인처럼 비춰진다.

답은 너무 쉽다. 너무 쉬워서 싱거울 수도 있다. 바로 '정체성'이다. 청소년들은 자신의 정체성을 찾아가는 시기를 살아가고 있다. 청소년기는 정체성이 아직 결정되지 않은 단계다. 그래서 심각하게 고민하고, 좌충우돌 행동한다.

 어른들이 살아가는 삶이 밑그림을 끝내고 색을 칠하는 과정이라면, 청소년들은 이제 밑그림 단계다. 어떤 그림이 그려질지 가능성이 무궁하다. 가능성이 무궁하다는 이야기는 아직 결정된 게 없다는 이야기이기도 하다. 많은 고민이 필요하고 많은 시행착오가 필요하다. 그래서 이미 밑그림을 그린 어른들에게는 불안해보이고, 극단적으로 보이는 것이다.

문제가 있어야 정상이다

 청소년기를 표현하는 여러 가지 말들이 있다. 사춘기, 중간기, 질풍노도의 시기…. 가만히 들여다보면 모두 청소년기의 불안정성을 표현하는 말이다. 이런 말에서 알 수 있듯이 청소년기는 불안정하다. 급격한 변화가 찾아오기 때문이다.

 청소년기에 겪게 되는 변화의 핵심은 바로 '정체성'에 있다. 청소년기는 한 인격으로서의 정체성을 찾아가는 시기다. 정체성에 대한 고민은 필연적으로 불안정성을 수반하게 된다. 게다가 신체적으로도 큰 변화를 겪으니 그 불안정성은 더 커질 수밖에 없다.

 이런 변화의 과정을 지나면서 아이들은 자신의 '정체성'을 찾아간다. 하나의 독립된 인격으로 성장해 가는 것이다. 따라서 청소년 사역자에게 제일 우선되는 자세는 이러한 변화를 당연한 것으로 받아들일 준비를 하는 것이다.

청소년기에 변화는 당연한 것이다. 변화를 문제라고 한다면 문제가 있어야 정상이며, 오히려 변화, 즉 문제가 없는 것은 비정상이다. 많은 사역자와 부모들이 이 부분에 대해 올바로 인식하지 못해서 청소년과의 관계에서 문제가 생긴다. 변화를 겪고 있는 정상적인 아이들을 오히려 비정상처럼 인식하는 것이다. 반대로 비정상적인 아이들을 정상인 것처럼 생각하기도 한다.

어느 날 학교에서 돌아온 아이가 현관문을 '쾅' 하고 닫는다. 당연히 어머니는 깜짝 놀란다. 아이에게 무슨 일이 생긴 건 아닌가 하고 달려간다. "너 무슨 일 있니?" 하지만 아이는 어머니를 무시하고 방으로 쑥 들어가 버린다. 그러면 어머니는 방문을 두드린다. "○○야, 무슨 일이야? 엄마하고 얘기 좀 하자." 그때 방에서 들려올 대답은 한결같다. "할 얘기 없어!"

이렇게 되면 어머니는 생각이 복잡해진다. '평소에는 그렇게 말을 잘 듣던 애가 갑자기 왜 그럴까? 애가 평소 같지 않은 걸 보면 분명 무슨 일이 있는 건데…. 할 말이 있는 건데….' 그런데 보통 그런 경우에는 진짜 할 말이 없는 경우가 허다하다. 청소년기 자체가 모든 감정에 이유를 찾을 수 있는 시기가 아니다. '이유 없는 반항'이라는 말이 달리 나온 게 아니다. 정체성을 찾아 가는 과정에서 나오는 자연스러운 불안정성이다.

그런데 어머니는 계속 말을 붙여보려고 한다. 그럴수록 더 쌀쌀맞게 대하는 자녀를 보면서 배신감을 느낀다. 그때부터 "내가 너를 어떻게 키웠는데, 엄마를 무시하는 거야!" 이렇게 나가기 시작한다. 그러면 아이에게서 나올 말은 또 한결같다. "나 좀 가만히 내버려둬요! 내 인생이에요!"

이쯤 되면 어머니는 울면서 상담을 요청해 온다. "우리 아이가 이상해졌어요. 그렇게 말도 잘 듣고 착한 아이였는데, 친구를 잘못 사귄 거 아닐까요?" 어머니의 마음은 충분히 이해가 간다. 그런데 바로 그 이해되는 부분이 청소년들을 가장 오해하는 부분이다.

청소년기에 들어선 아이들이 이런 행동을 하는 것은 지극히 정상적으로 자라고 있다는 증거다. 청소년기는 자기 정체성을 찾아가는 시기다. 자기 정체성을 찾는 첫 단계로 아이들은 인격적 독립체가 되기를 갈구한다. 스스로 결정하고, 스스로 답을 찾고 싶어 한다. 그동안 아무런 문제의식을 갖지 않던 부모님의 말씀이 속박으로 느껴진다. 여기서 '부모님이 교회에 다닌다고 왜 나까지 교회에 다녀야 하나?' 하는 신앙의 회의도 생겨난다.

자아가 강해지면서 자기만의 공간을 갖고 싶어 하고 문을 잠그게 된다. 드디어 사생활이 생기는 것이다. 그전에는 학교만 갔다 오면 지겨울 정도로 미주알고주알 생활을 다 알려주던 아이가 어느 날 입을 닫는다. 부모님들은 여전히 아이의 일거수일투족을 다 알고 싶어 한다. 알고 싶어 할 뿐 아이라 간섭하고 싶어 한다. 아이가 와서 늘 그랬듯 학교 얘기, 친구 얘기를 해 주기를 바란다. 지금까지 그래왔기 때문이다. 그러나 아이가 갑자기 변하면 배신감까지 느끼게 된다. 그러나 이러한 과정은 당연한 것이다. 때가 되었는데도 이런 모습이 없으면 그게 비정상인 것이다.

추운 겨울보다도 선선한 가을이 좋다고 해서 봄 여름 가을 가을이 된다면 완전히 비정상이다. 겨울이 없으면 봄에 싹을 틔우는 식물들에게 치명적 결과를 초래한다. 겨울이 와야 정상이다. 그런데 부모님들은 계속 가을이기를 바란다. 그러면 봄이 오는 것도 요원한 일이 된다. 청소년기의 불안, 반항, 방황은 정상적인 겨울의 과정이다. 꼭 필요한 과정이다.

내게는 여섯 살 난 딸이 있다. 이 아이의 꿈은 나중에 커서 아빠와 결혼하는 것이다. 참 눈이 높은 아이다. 놀라운 것은 네 살 된 아들 녀석의 꿈도 아빠와 결혼하는 것이라는 사실이다! 실로 원대한 꿈이 아닐 수 없다. 아빠로서 이런 말을 들으면 조금 걱정도 되지만, 내심 뿌듯하다. 그러나 우리 아이 나이 앞에 1자나 2자가 붙었는데도 "전 아빠하고 결혼할래요" 하면 병원에 갈지 말지 고민하게 될 것이다.

청소년기 전에는 엄마가 자기를 놔두고 나가면 운다. 그러나 청소년기에는 같이 가자고 하면 운다. 부모님과 함께 여행 가는 것보다, 친구들과 함께 가는 것을 더 좋아한다. 자연스러운 일이다. 이런 일이 벌어지면 '아, 우리 아이가 매우 정상적으로 크고 있구나!' 하고 뿌듯해할 일이지 상담할 일이 아니다.

문제가 없다는 것이 문제다

오히려 청소년기가 되었는데도 전혀 이런 일이 벌어지지 않는다면 상담을 고려해 봐야 한다. 그런데 희한한 것은 그런 경우에 학부모들은 그런 자녀를 자랑한다는 것이다. "우리 애는 고등학생이 되도록 한 번도 부모 말씀을 거역해 본 적이 없어요. 늘 순종한다니까요." 이건 자랑이 아니다. 뭔가 이상하다고 생각해야 한다.

물론 아이의 인격이 너무도 성숙해서 부모님을 잘 이해할 수도 있다. 신앙이 깊어서 그럴 수도 있다. 간혹 놀라울 정도로 신앙이 성숙한 아이들도 있다. 그러나 이런 아이들도 나름대로 자기표현을 하기 마련이다. 그 수위가 부모님이 용납할 수 있는 정도의 수위에서 머무는 것일 뿐이다. 이런 아이들은 부모님들도 성향이 비슷한 경우가 많다. 둘 다 한 발씩 물러서서 서로를 생각해 주는 것이다. 그러니 늘 순종한다기보다 기본적으로 서로를 이해하는 자세를 가졌다고 봐야 한다.

대부분의 경우 부모님이 우리 아이는 항상 순종한다고 말하는 것은 아이들이 그런 척을 하고 있다는 의미이다. 아이가 '척' 하는 것을 부모님이 곧이곧대로 받아들이는 것이다. 여기서 '척' 한다는 것이 꼭 심각한 수준만을 의미하는 것은 아니다. 아이가 앞에서는 '척' 하고 뒤에서는 탈선하고 있다는 의미만이 아니라는 말이다. 그것은 부모님이 아이를 잘 모른다는 것이다. 부모와 자녀가 서로 소통하지 못하고 있다는 의미이다.

어른들이 청소년들에 대해 잘 모르지만, 청소년들은 어른들에 대해 매우 잘 안다. 그도 그럴 것이 청소년들은 어른들을 10년 이상 경험해 왔다. 무슨 일이든지 10년 이상 하면 전문가가 된다. 아이들은 어른 전문가다. 뭘 해야 좋아하는지 잘 안다. 때문에 얼마든지 하는 척해줄 수 있다.

가만히 보면 자기 자녀를 가장 잘 모르는 사람들이 바로 부모님들이다. 상담을 요청하는 학부모님들이 이런 말을 참 많이 한다. "우리 애가 이런 애가 아닌데, 친구를 잘못 사귀어서 그래요." 심지어는 그 친구가 교회에 있다는 이유로 교회를 못 보내겠다는 부모님도 있다. 자신의 자녀가 잘못을 저질렀을 때 한번쯤 이런 마음을 갖는 거야 자연스러운 일이다. 그러나 실제로 그렇게 믿어버리면 그건 큰 착각이다.

재미있는 것은 친구에 대해서 심하게 평가하는 부모님일수록 정작 그 자녀가 문제의 원흉인 경우가 많다는 사실이다. 그 아이가 주동자인 것을 아이들도 알고 선생님도 아는데 부모님만 모른다.

자녀의 성향조차 잘 모르는 부모님들이 많다. 부모님은 아이가 내성적이라고 생각하는데 사실 학교에서는 분위기 메이커로 통한다. 부모님은 아이가 얌전하다고 생각하는데 실제로 급우들 가운데 폭력적인 아이로 통하는 경우도 있다. 모두 실제로 있었던 일이다. 이런 식의 어긋남이 사역 현장에서 심심치 않게 발견된다.

이는 부모님에게만 국한되는 이야기가 아니다. 현장의 사역자들도 아이들을 모르는 경우가 너무 많다. 아이들의 세계로 들어가질 않으니 모르는 것이다. 그냥 쓱 둘러보고 아무런 문제가 없다고 생각한다. 문제가 없는 것이 아니라 문제를 못 보는 것이다. 바로 그것이 문제다.

아이들의 세계로 조금만 들어가 보면 한 아이에 대한 또래들의 평가와 어른들의 평가가 동일한 경우는 거의 없다는 사실을 알게 될 것이다. 아이들이 어른들에게 '척' 하는 것이다. 이런 '척' 하는 태도가 늘 의도성을 갖는 것은 아니다. 자기도 모르는 사이 그런 자세를 갖게 될 수도 있다. 또 범죄에 연루되지 않은 한 이런 이중적인 태도가 잘못된 것도 아니다. 다만 아이가 자기를 노출시키기를 꺼려하는 그 관계성이 문제다.

아이들과 함께하다보면 가끔 이런 대화가 오고 간다. "목사님, 얘가 원래 이런 애가 아니에요! 학교에서는요….” 그럼 '원래 그렇지 않은' 아이가 발끈한다. “야! 너 죽을래?” 이 정도까지 갈 수 있으면 아이들과 비로소 소통하기 시작한 것이다.

물론 이런 대화가 오고 갔다고 해서 아이들이 한 순간에 친구를 대하듯 나를 대하는 것은 아니다. 여전히 어른으로서 나를 대하는 방법이 있고, 친구들을 대하는 방법이 있다. 당연한 것이다. 하지만 중요한 것은 내가 그 사실을 알고 있다는 것이다. 그리고 그 아이도 내가 자신의 다른 면을 알고 이해한다는 사실을 알고 있다는 것이다. 이것이 서로간의 믿음과 신뢰가 생겨가는 과정이다.

청소년기 아이가 전혀 문제가 없는 것처럼 보일 때를 조심해야 한다. 그것은 전혀 소통이 없다는 의미이기 때문이다. 기억하라. 문제가 없는 것이 아니라 문제를 못 보고 있는 것이다.

소통이 되어야 교육이 된다

대부분의 청소년들은 부모님과 마찰을 겪는다. 마찰이 계속되면서 아이들은 자신의 모습 가운데 일부를 부모님에게 감춘다. 말하자면 이중생활이지만, 별 탈 없이 그렇게 청소년기를 보낸다. 대부분의 아이들이 그렇다. 정말 심각하게 큰 문제를 일으키는 아이들은 많지 않다. 그냥 그럭저럭 지나가는 것이다.

그럼 왜 아이들과 의사소통하는 것이 중요할까? 우리는 그들을 교육해야 하고, 최종적으로 그리스도께로 인도해야 하기 때문이다. 그저 문제없이 지나가는 것이 목적이라면 확률에 맡기는 것도 괜찮을 것이다. 대부분의 아이들은 좌충우돌하며 그럭저럭 청소년기를 견뎌낼 테니 말이다.

우리는 거기서 머물 수 없다. 부모로서 사역자로서 아이들을 좋은 곳으로 인도해야 한다. 예수님을 만나게 하는 다리, 신앙의 성숙을 이뤄가도록 돕는 조력자가 되어야 한다. 그래서 그들과 소통해야 하고 그 소통을 통해 영향력을 미칠 수 있어야 한다.

더욱이 다수는 아니지만, 아주 적다고도 말할 수 없는 일부 아이들은 큰 위험에 노출되어 있다. 부모님과의 소통이 조금이라도 있었다면 지나갈 수 있었던 문제가 돌이킬 수 없는 큰 문제로 돌아오기도 한다.

사역 기간 동안 한 아이가 임신하는 사건이 있었다. 임신을 하게 만든 남자 아이가 고등부에 출석하는 녀석이었다. 어쩌다 관계를 갖게 되었는데 덜컥 임신이 되자 무서워서 둘이 가출을 했다. 찜질방을 전전하던 녀석들을 친구들을 통해 찾았다. 그리고 둘을 교회로 데리고 왔다.

솔직한 얘기로 그 남자 아이가 임신을 하게 만들었다는 사실은 놀랍지 않았다. 착한 녀석이긴 하지만 언제나 좀 불안한 면이 있었기 때문이다. 그러나 여자 아이를 보고는 깜짝 놀랐다. 중학생이었던 데다가 겉으로 봐서는 전혀 그럴 아이로 보이지 않았기 때문이다. 사실 이게 문제이다. 그럴 아이, 그러지 않을 아이가 없다. 적어도 청소년기에는 말이다.

어쨌든 정말 놀란 것은 그 다음이다. 이 여자 아이가 교회에 출석하는 아이였다는 것이다. 출석할 뿐 아니라, 유치부 보조교사였다. 부모님이 교회 중직자인 가정의 모범적인 딸이었다. 그러니 엄마 아빠를 실망시킬 수 없기에 집에는 죽어도 못 들어간다는 것이다.

절대로 못 들어간다는 아이를 설득해서 양쪽 부모님을 만났다. 남자 아이를 먼저 들여보내고, 여자 아이의 어머니와 만났다. 어머니는 거의 기절할 지경이었다. 상상 못할 일이 벌어진 것이다. 울면서 어머니와 함께 돌아가는 여자 아이의 뒷모습을 보면서 너무 안타까웠다.

만일 이 두 아이가 가출한 상태에서 나를 만나지 못했다면 어떻게 되었을까? 어떤 일이 벌어졌을지 아무도 모른다. 만일 아이들과 부모님이 서로 신뢰하고 소통할 수 있었다면 나를 거치지 않고서도 이 문제를 해결할 수 있었을 것이다. 아니, 어쩌면 이런 일 자체가 일어나지 않았을지도 모른다.

조금은 극단적이라 할 만한 예를 들었지만, 이 정도는 아니더라도 아이들이 절도나 폭력, 성적인 문제 혹은 가출에 연루되는 일은 종종 발생한다. 어른과 소통이 있는 아이들은 문제를 사전에 예방할 수 있다. 혹 순간적인 실수로 일을 저질렀다 해도 더 큰 일로 번지는 것을 막을 수 있다. 기본적인 소통이 되지 않아서 호미로 막을 일을 가래로 막게 될 수도 있다. 돌이키기 힘든 상처를 남기게 될지도 모른다. 그렇기 때문에 아이들과의 관계 가운데 신뢰와 소통은 너무나 중요하다.

▶교회를 사임한 후에도 밥사달라고 찾아온 흉악한(?) 애제자들

성숙해 가고 있는가?

청소년이 여전히 전적으로 부모 의존적일 때 심각하게 부모 자신과 아이를 돌아보아야 한다. '철저하게 부모님에게 순종하는 착한 아이'가 어떤 이유에서건 전혀 성숙하지 못한 자아를 가진 아이일 수도 있다. 앞서도 누차 언급했듯이 청소년기 아이들이 겪는 여러 문제들은 지극히 자연스럽고 당연한 것이다. 문제가 없다는 것은 아이가 아직 정신적으로 성숙하지 못하다는 것을 의미할 수 있다. 간혹 부모님에게 너무 눌려서 표현을 못하는 아이들이 있다. 부모님이 아이의 정신적 성숙을 가로 막고 있는 것이다.

과거에 청소년기라고 하면 틴에이저(Teenager) 곧 십대를 말했다. 보다 정확히는 13세에서 19세에 이르는 중고등학생 시기를 의미했다. 그러나 요즈음의 청소년기는 훨씬 길어졌다.

먼저 시기가 앞당겨졌다. 아이들의 영양 상태가 좋아졌고, 교육 수준도 올라갔다. 때문에 신체적, 정신적 성숙이 빨리 찾아온다. 여자 아이들의 경우 열 살이 넘어가면 벌써 월경이 시작되기도 한다. 실제로 현장을 들여다보면 초등학교 고학년은 어린이 사역이라기보다 청소년 사역에 가깝다는 것을 알 수 있다.

반면에 진정한 성인으로 독립하는 시기는 더 늦어졌다. 그 원인은 길어진 교육 기간과 늦어진 재정적 독립 시기라는 두 가지로 꼽아볼 수 있다. 길어진 교육 기간은 부모에게 의존하는 시간을 연장시켰다. 교육 기간이 길어지다 보니 재정적인 독립 시기도 자연스럽게 늦춰지는 것이다. 그에 따라 결혼 연령은 점점 더 높아간다. 한국 사회는 결혼 전까지 부모님과 동거하는 것을 당연시한다. 그래서 부모의 영향력 아래 있는 시간이 그만큼 길어진 것이다. 유난히 자녀에 대한 애착이 강한 한국의 부모들은 이러한 상황을 볼모로 자녀들을 더 오래 품안에 두고 싶어 한다.

함께 청소년들을 섬겼던 교사 중에 현직 교수들이 몇 분 있었다. 그 중에 한 분이 한탄하듯 말한 적이 있다. "요즈음에는 학점 고쳐달라고 엄마랑 같이 찾아오는 아이들이 있어요." 과거 같으면 상상 못할 일이다. 뉴스를 보면 심지어 자기 자녀를 잘 봐달라며 직장 상사를 찾아가는 엄마들도 있다고 한다. 엄마가 하란다고 이혼하는 부부들도 있는 마당이니 말해 무엇 하겠는가?

과거에 대학생은 지성인이었다. 그러나 평균적인 교육 기간이 길어지면서 요즈음은 대학이 고등학교처럼 되어버렸다. 자기 사고의 성숙을 이루는 기간이 아니라, 취업 입시를 준비하는 또 다른 학원이 되었다. 사정이 이렇다보니 청소년기가 이제는 20대 초반을 넘어 중후반까지도 연장되는 것 같다. 그래서 요즈음 20대 청년들과 대화해보면 고등학생과 별다를 것이 없다는 느낌을 많이 받는다.

부모님들은 자신의 아이를 지나치게 오래 붙잡아 두려고 해서는 안 된다. 청소년기에 접어들면 정서적으로 아이를 놓아줄 생각을 해야 한다. 오히려 독립된 사고를 격려해주어야 한다.

chapter 2. 청소년들이 정말 원하는 것

어느 집에서 있었던 일

청소년기가 되면 아이들은 누군가를 추종하기 시작한다. 대체로 그 대상은 대중스타들이 되기 쉽다. 청소년기 아이들의 방에서 그들이 좋아하는 스타들의 사진을 발견하기란 그리 어려운 일이 아니다.

많은 아이들이 자신이 좋아하는 스타의 사진을 붙여 놓는다. 대형 브로마이드를 걸어 놓는 아이들도 있다. 그것을 보고 부모님은 또 속이 터진다. 하라는 공부는 안 하고 도깨비 같은 사진만 붙여 놓는다고 타박한다.

엄마는 기분이 몹시 나쁜 어느 날, 아이가 학교에 간 사이에 기어코 그 사진을 떼어버리고 만다. 학교에 갔다 온 아이가 난리를 피우는 것은 당연한 수순이다. 그러면 엄마는 또 마음이 서운하다. "야! 얘가 너한테 밥을 사줬냐? 떡을 사줬냐? 새벽부터 밥해서 학교 보내놨더니 네가 나한테 이깟 사진 한 장 때 냈다고 이 난리를 피워?" 나실 제 괴로움 다 잊으시고 기르실 제 밤낮으로 애쓰는 마음을 몰라주는 아이가 그렇게 서운하다.

옥신각신하다가 화가 난 엄마는 떼어냈던 사진을 들고 온다. "이까짓 사진 이게 뭐라고 네가 나한테 이렇게 바락바락 대들어!" 그리곤 사진을 확 찢어버린다. 여기까지 오면 쉽게 해결되지 않을 깊은 마음의 골이 생겨버린다.

어른들의 큰 오해가 여기 있다. 청소년이 스타에 집착하는 이유는 단순히 기호나 취향의 문제가 아니다. 청소년기의 스타 사진 한 장은 단순한 사진 한 장이 아니다. 그것은 자신의 정체성의 일부이다. 사진을 빼앗긴 것은 자신의 일부를 빼앗긴 것이다. 정체성을 찾아 방황하는 청소년기가 갖는 중요한 특성 때문에 이러한 현상이 생긴다.

청소년들은 좋은 모델이 필요하다

청소년들이 정체성을 찾아가면서 나타내는 몇 가지 특성이 있다.

첫째, 모델을 찾는다. 정체성을 찾는 가장 쉬운 방법은 모델을 찾는 것이다. 모델은 피상적이지 않다. 어른들 생각처럼 꼭 존경할 만한 인물들만 모델 삼는 것은 아니다. 자신의 비전과 꿈에 따라 모델을 선택하는 것도 아니다. 물론 그런 인물을 모델로 삼는 아이들도 있다. 그리고 청소년들은 현실보다 이상을 추구하는 경향이 강하기 때문에 탁월한 위인들을 모델 삼는 아이들도 있다.

반면에 청소년들은 매우 민감한 감수성을 가지고 있기 때문에 전적으로 감정적 차원에서 모델을 선정하기도 한다. 굳이 좋고 나쁨의 가치를 따지기보다 멋있다, 예쁘다, 누군가의 주목을 받는다는 이유도 모델이 될 수 있는 충분조건이 된다. 연예인들이야말로 이런 조건에 충분히 부합한다.

청소년들이 연예인을 모델 삼은 이상 그 연예인은 더 이상 타인이 아니다. 자신의 일부요, 친밀한 관계의 대상이다. 자신이 좋아하는 연예인을 공격하면 그것은 곧 자신의 일부를 공격하는 것이나 다름없다.

이럴 때 가치관의 전도가 이루어지기도 한다. 그 사람이 옳고 바르기 때문에 좋아하는 것이 아니라, 자신이 좋아하기 때문에 옳은 사람이 된다. 그래서 스타가 터무니없는 잘못을 저질러도 아이들은 자신이 좋아하는 스타를 비난하려고 하지 않는다. 오히려 스타의 일탈을 통해 대리 만족을 느끼기도 하고, 그런 일탈적 행동을 모방하려 한다.

그래서 좋아하는 연예인을 비방하는 것은 가장 친한 친구 사이에서도 금기시되는 일이다. 친구가 좋아하는 스타를 비방했다가 하루아침에 절친(절친한 친구)에서 원수로 바뀌기도 한다. 어른들은 이해가 되지 않는다. 전혀 상관도 없는 사람 때문에 친구와 싸운다는 게 말이 되는가? 그러나 아이들의 입장에서 자신들이 좋아하는 스타는 전혀 상관없는 사람이 아니다. 자기 정체성의 중요한 일부다.

그들이 인식을 하든 그렇지 못하든 청소년들은 자신의 모델을 통해 정체성을 발견해 간다. 그들은 더이상 남이 아니라 자기 정체성의 일부가 되는 것이다. 그래서 청소년기 아이들은 자신이 받아들인 모델을 맹목적으로 추종하는 성향이 있다. 청소년들에게 있어 모델이라는 존재가 이토록 중요하기 때문에 바른 모델을 따를 수 있도록 돕는 일이 필요하다. 그들이 열광하는 연예인이나 스포츠 스타들을 대신할 성경적 인격 모델을 제시해 주어야 한다.

연예인이나 운동선수 같은 대중 스타들이 청소년들에게 긍정적인 모델이 되어 줄 수 없는 것은 아니다. 그러나 오늘 사회의 구조 속에서는 대중 스타들이 좋은 역할 모델이 되어주기는 쉽지 않아 보인다.

그 첫 번째 이유는 청소년들이 추종하는 스타들의 연령대가 매우 낮기 때문이다. 요즈음 청소년들이 열광하는 스타들은 그들 역시 청소년이거나 이제 갓 청소년기를 지난 경우가 많다. 동년배의 스타들이 청소년들이 본받을 만한 인격이나 경륜, 삶의 이해를 보여주기는 어려워 보인다.

둘째는 대중 스타들이 자본이라는 거대한 구조 속에서 활동하기 때문이다. 사실 대중 스타들은 문화의 창출자들이 아니라, 말하자면 전도사 역할을 한다. 문화를 생산해 내는 계층은 그들의 배후에 있다. 그리고 그 생산자들은 철저하게 자본이라는 구조에 속박되어 있다. 쉽게 이야기해서 돈 안 되는 것은 하지 않는다.

요즈음 아이돌 스타들을 보면 그들이 얼마나 철저히 기획된 '상품'으로 포장되는지 여실히 볼 수 있다. 스타가 쉽게 말해 '팔리는 상품'이 되기 위해서는 철저히 대중의 취향에 부합해야 한다. 또 심심해서는 안 된다. 짜릿하고 자극적이어야 한다. 대중문화의 창출자들이 가장 먼저 고려하는 것은 청소년의 인격이나 삶이 아니라 '수익'이다.

이러한 구조 속에서 한 명의 스타가 아무리 좋은 뜻이 있다 한들 자신의 뜻대로 모든 활동을 하기에는 무리가 있는 것이다. 신실해 보이는 가수가 연말 시상식에서 모든 영광을 하나님께 돌린다고 수상 소감을 발표하고서 지극히 자극적이고 도발적인 가사의 노래를 섹시한 댄스와 함께 불러대는 괴리가 이런 구조 속에서 발생하는 것이다.

그렇다면 청소년들에게 성경적 인격 모델이 되어줄 만한 사람은 어디서 찾을 수 있을까? 물론 위인전에서도 찾을 수 있다. 그러나 구체적 모델이 되기에는 너무나도 거리가 멀다. 가까이 있으면서도 인격적 교제를 나눌 수 있는 사람, 그러면서도 그들이 우러러 볼 수 있는 모델이 되어줄 수 있는 사람은 바로 목회자와 교사다.

좋은 모델이 되어야 한다

모델의 역할은 청소년 교육에서 매우 중요한 요소이다. 청소년은 구체적인 도전에 반응한다. 추상적인 가치관보다 분명한 모델을 요구한다. 정직이 무엇인지를 알기보다 정직한 누군가를 만나고 싶어 한다.

청소년 사역자가 아이들을 교육할 때 모델이 될 만한 인물을 제시해 주는 것이 좋다. 무엇보다도 사역자 자신이 모델이 될 필요가 있고, 그것이 가장 효과적인 방법이기도 하다. 사역자가 청소년들의 모델이 되기 위해서 무엇보다 힘써야 하는 것이 있다. 그것은 자기 자신이 철저히 주의 제자가 되는 길을 걷는 것이다. 주의 제자가 되기 위해 힘쓰지 않는 사역자는 언제든 거짓 모델이 될 함정에 빠질 수 있음을 명심해야 한다.

앞에서도 언급했듯이 청소년들은 모델이 될 만한 대상을 맹목적으로 추종하는 경향이 강하다. 이 때문에 사역자가 모델의 위치에 섰을 때에는 늘 조심해야 한다. 청소년 사역지에서는 늘 스타가 존재한다. 어떤 면에서 사역자들이 스타의 자리에 서는 일은 필요한 일이기도 하다. 스타가 된다는 것은 그가 모델로서의 역할을 하고 있다는 점을 반증하기 때문이다.

유능한 사역자일수록 많은 추종자들이 생겨나는 것은 어쩔 수 없는 현상이다. 물론 장년 사역에서도 리더와 추종자가 생기기 마련이지만, 청소년 사역과는 차원이 다르다. 청소년들의 추종은 어른들과는 비교가 되지 않을 만큼 열정적이다. 때로 청소년들은 자신이 추종하는 사람을 위해 부모님과 등을 돌리는 것도 마다하지 않는다. 사역자는 이런 추종을 경험하는 가운데 몇 가지 함정에 빠질 수 있다.

첫째, 자신이 주님의 자리를 대신하는 것이다. 이 함정에 빠지면 사역자는 주님과 청소년 사이의 다리가 되는 것이 아니라 청소년들이 자신을 좋아하고, 따르게 하고, 자신에게 복종하게 하는 데 관심을 두게 된다. 마치 자신이 전능자인양 아이의 인생을 좌지우지하려는 착각을 하게 된다. 아이들에게 인기를 얻고, 명예를 누리고, 자신의 말 한마디에 아이들이 열광하고 따르는 일이 사역의 주된 목적이 되는 것이다.

사역자는 늘 정직하게 자신을 돌아보아야 한다. 나는 양을 돌보는 자인가, 아니면 양을 누리는 자인가? 주님의 양을 돌보고 있는가? 아니면 내 것인 양 차지하고 있는가? 이러한 질문은 자기 자신에게 철저하게 정직해지지 않고서는 쉽게 답할 수 없는 질문이다.

둘째, 사역자가 부모님의 자리를 대신하는 것이다. 간혹 부모님이 안 계시다든지, 계시지만 전혀 부모님의 역할을 할 수 없다든지 하는 피치 못할 경우에는 어느 정도 대리 부모님의 역할을 할 수는 있다. 그러나 대부분의 경우에 사역자는 청소년과 부모님의 다리 역할을 해주어야 한다. 청소년들에게 부모님을 이해시키고, 부모님에게는 청소년을 이해시키는 일이 바로 청소년 사역자가 할 일이다. 그런데 어떤 사역자들은 아이들의 추종을 과신한 나머지 사역자 자신이 부모님의 역할을 대신하려는 경우도 있다. 이것은 오히려 청소년들과 부모님 사이의 골을 깊게 만들어서 궁극적으로 온전한 가정을 세우는 일에 방해가 될 수 있다.

셋째, 사역자가 자신을 추종하는 청소년을 이성(異性)적 대상으로 유혹하는 것이다. 실제로 청소년 사역 현장에서 특별히 젊은 남자 교사가 여학생과 교제하는 경우를 쉽게 찾아볼 수 있다. 교회 교육의 특성상, 고등학교를 갓 졸업한 교사가 중고등부교사로 바로 투입되기도 한다. 대학생들도 상당수 교사로 포진한다. 젊은 교육전도사들도 고등부 여자 아이들에게는 이성으로 다가올 수 있다. 나도 스물네 살에 교육전도사 사역을 시작했으니 처음 가르쳤던 고3 학생들과는 불과 다섯 살 차이밖에 나지 않았다. 어찌되었건 교사와 학생으로 만난 이상, 학생을 이성적 대상으로 보는 것은 교육적으로 결코 바람직할 리 없다. 게다가 청소년기는 성에 대한 호기심이 왕성하고, 이성교제를 갈망하는 시기다. 거기에 자신이 추종하는 사역자가 손을 내민다면 결과는 불을 보듯 뻔한 일이다.

간혹 교사와 학생으로 만난 관계가 나중에 결혼으로 이어지고, 아름다운 신앙의 가정을 꾸리게 되는 경우를 보기도 한다. 자연스런 남녀 감정을 원천적으로 막을 수는 없을 것이다. 그러나 적어도 사역자라면, 아이가 청소년기를 마칠 때까지 기다려주는 인내와 사랑이 필요하다. 자신을 추종하는 아이의 감정을 이용해 이성적 대상으로 손을 뻗는 일은 결코 사역자로서 취할 태도가 아니다.

청소년들은 관계가 필요하다

둘째, 청소년들은 관계성 속에서 정체성을 찾아간다. 그래서 청소년기에는 좋은 관계가 필요하다. 청소년들은 옳고 그름보다 관계 자체에 몰두하는 경향이 강하다. 특히 수평적 관계는 청소년에게 큰 영향을 미친다. 수평적 관계성은 서로를 존중해 줄 때만 형성되는 관계다. 청소년들은 자신이 하나의 독립된 인격체로 존중받기를 원한다. 그래서 수평적 관계에 크게 반응하는 것이다.

안타깝게도 한국 사회에서 청소년과 어른들의 관계는 대부분 수직적으로 맺어지기 마련이다. 어른들은 청소년들에게 '명령'하는 데 익숙하다. 청소년들은 집에서도 학교에서도 사회에서도 명령을 듣는다. 교회에서의 상황도 크게 다르지 않다.

"옷을 단정하게 입어라."

"예배시간에 떠들지 마라."

"졸지 마라."

물론 다 옳은 말이다. 하지만 청소년들에게는 옳고 그름만큼이나 중요한 것은 그 말이 나와 관계가 있는 사람이 한 말인가, 그렇지 않은가 하는 것이다. 여기서 관계란 물론 수평적 관계를 의미한다. 청소년기

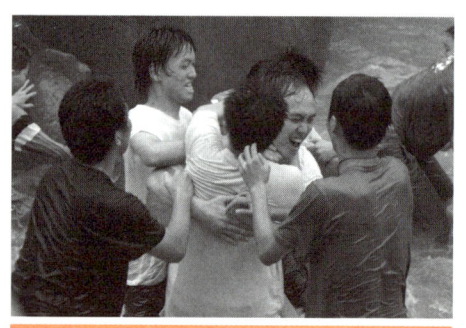
▶사역자는 아이들과 몸으로 뒹굴어야 한다.

자체가 정체성을 확립하는 시기요, 그 정체성이란 독립된 자기 인격을 의미하는 까닭에 수직적 관계가 청소년들에게 미치는 영향은 미미할 수밖에 없다.

반대로 청소년들이 친구에 열광하는 이유가 자명해진다. 친구 관계는 수평적 관계 가운데 대표적이다. 친구 간에는 명령이 없다. 서로 동등한 위치에서 받아들이고 인정할 뿐이다. 그래서 청소년기에 친구는 누구보다 중요한 존재가 된다. 심지어 일시적으로 부모님보다 더 중요한 존재가 되는 것도 이상한 일이 아니다. 현장에서 만나는 많은 부모님들이 이런 청소년기의 특징을 이해하지 못한 채 친구 관계를 쉽게 생각하고 통제하려고 한다. 그러다가 자녀와의 관계에서 감정의 골을 크게 만들어 버린 부모님들을 쉽게 만날 수 있다.

청소년들이 유행에 민감한 것도 같은 이유다. 유행이라는 것은 또래들이 사용하는 공통의 언어 같은 것이다. 같은 옷을 입고, 같은 신발을 신고, 같은 모습을 함으로써 동질감을 얻는 것이다. 청소년기에 관계성이란 자기 정체성과 다름없기 때문에 또래 집단에서 얻는 동질감이 그토록 중요한 것이다.

내가 만났던 한 친구는 고등학교 시절 친구들의 강간 살인죄를 뒤집어쓰고 형을 살았다. 소년원에 복역한 경력이 있는 친구들이 형량을 줄이려고 초범인 이 친구를 끌어들인 것이다. 거기다 자신이 자발적으로 죄를 뒤집어썼다. 그렇게 해서 복역한 기간이 7년이다. 이게 가능한 일인가? 그렇지만 청소년기에는 가능한 일이다. 이 친구 역시 그렇게 말한다. 그 때에는 친구가 전부인 줄 알았다는 것이다. 청소년기에는 진한 관계성과 동질감이 형성된 대상이 곧 자기 자신과 진배없기 때문에 이런 일이 가능하다.

청소년기에 형성되는 또 다른 수평적 관계는 연예인이다. 물론 대부분의 청소년들이 그들이 열광하는 스타와 직접적으로 인격적 관계를 맺는 것은 불가능하다. 그럼에도 불구하고 청소년들은 스타에게 친밀감을 느끼고, 단순한 추종을 넘어서 사람들과의 관계 가운데서 추구해야 할 인격적 관계에 대한 욕구를 그들을 통해 충족시킨다.

예를 들어 청소년들은 대중가수의 노래를 들으면서 그 가수가 전달하는 가사를 개인적 차원에서 받아들인다. "널 사랑해, 죽도록 사랑해" 하면 그게 자기를 사랑한다는 이야기가 아닌데도 마치 그 오빠가 자기를 사랑하는 것인 양 착각한다. 물론 의식적으로 '진짜 이 오빠는 날 사랑해' 하고 받아들이고 표현한다는 말은 아니다. 그만큼 정서적 친밀감을 갖고 있다는 것이다. 좋아하는 스타는 결코 타인이 아니라, 가장 친밀한 인격적 관계의 대상이 된다. 더욱이 스타들은 결코 청소년에게 강요하는 법이 없고 청소년들이 원하는 가장 멋진 모습을 보여주기 때문에 그 결과 영향력 있는 수평적 관계성을 갖게 되는 것이다.

이처럼 청소년기에는 어떠한 형태로든 수평적 인격 관계를 갈망하게 된다. 그리고 그 인격적 관계성은 자아를 형성하는 데 지대한 영향을 미친다. 그러므로 청소년 사역자들은 청소년들과 수평적 관계성을 맺을 수 있어야 한다. 거기서 진정한 교육이 시작된다.

친구 같은 어른이 되라

사역자들에게 청소년들과 수평적 관계성을 맺으라고 하면, '아, 친구가 되라는 이야기구나' 하는 분들이 있다. 이 말은 반은 맞고 반은 틀렸다. 사실 청소년들은 어른들과 친구가 되고 싶어 하지 않는다. 보통 청소년들은 충분히 많은 친구들이 있다. 말 통하고 문화 통하는 또래 친구들이 있는데, 왜 어른을 친구로 사귀고 싶어 하겠는가? "쩔어, 지대, 헐~" 하면 무슨 말인지 알아듣지도 못하고, 랩 가사에 좌절하는 어른 사역자와 친구가 되고 싶어 하는 청소년들은 아마 없을 것이다. 간혹 또래들과 전혀 어울리지 못해서 그나마 잘 대해주는 어른 주위를 맴도는 청소년들이 있긴 하다. 하지만 일반적인 경우의 청소년들은 사역자와 친구가 될 수 없다.

사역자들이 아무리 청소년들의 문화를 따라잡고 그들의 언어를 쓰려고 노력해도 어른의 어색함을 벗어날 수 없다. 오히려 청소년들에게는 자신들의 언어와 문화를 지나치게 따라하려는 어른의 모습이 부담스러울 수도 있다. 30대가 넘은 사역자가 청소년들처럼 입고 청소년들의 말투로 그들에게 다가간다고 생각해보라. 간혹 어떤 사역자들은 아이들에게 친근해야겠다는 마음에 이런 과장된 모습을 하곤 한다. 그러나 청소년들은 그런 사역자를 반기기는커녕 꺼려한다.

우리는 그들과 친구가 될 수 없다. 우리는 어쨌든 그들에게 어른일 수밖에 없다. 그럼 사역자들은 청소년들과 어떤 관계를 맺어야 할까? 한마디로 정의하면 '친구 같은 어른'이 되어야 한다.

여기서 친구 같다는 말은 앞에서도 언급했듯 그들의 모양을 따라하라는 것이 아니다. 청소년들을 수평적 인격 관계의 대상으로 여기라는 말이다. 그들을 한 명의 인격체로서 존중하고 진솔하게 다가가는 것을 의미한다. 그들과 비슷해져야 한다는 지나친 강박관념은 오히려 이런 관계를 훼손시킨다. 어떤 면에서 나의 있는 모습 그대로를 그들에게 보여주는 것이 중요하다.

요즘 유행하는 노래를 모르면 모르는 대로 유행하는 드라마를 모르면 모르는 대로 진솔하게 다가가는 것이다. 아이들이 "선생님은 그런 것도 몰라요?" 하고 박장대소하면 같이 웃으면 그만이다. 중요한 것은 그들을 존중하는 것이다. 청소년들은 존중받고 있다고 느끼는 순간 사역자를 수평적 관계의 대상으로 받아들인다.

이렇게 인격적인 관계를 맺고 난 후에야 그들의 문화를 따라잡는 것이 의미가 있다. 자기네들이 쓰는 은어를 '어색하게'(어른은 어떻게 해도 어색하다) 한 마디 내뱉어도 열광해 준다. 고마워해 준다. 자신들을 존중하고 관심이 있기에 그렇게 한다고 봐 주기 때문이다.

그렇다면 어른이 되어야 한다는 말은 무엇인가? 물론 우리는 이미 어른이기에 일부러 어른이 될 필요는 없다. 여기서 어른이란 말에 보다 강조되는 의미가 있다. 즉, '조언자'로서 어른의 역할을 한다는 말이다.

청소년들은 어른이 절대적으로 필요하다. 인생의 가장 중요한 시기 가운데 서서 자신의 정체성과 미래를 고민하지만, 그러한 고민을 풀어내는 데 있어서 절대적으로 필요한 '경험'이 그들에게는 없다. 그러므로 청소년들에게는 경험 있는 어른들의 조언이 필요하다.

늦은 저녁에 청소년들이 주로 모여 있는 곳, 그러니까 학교나 학원,

독서실 앞에 가보면 삼삼오오 짝을 지어 이야기를 나누는 청소년들을 볼 수 있다. 그 가운데 몇몇은 심각한 얼굴로 단 둘이 이야기를 나누고 있기도 하다. 무얼 하고 있는 것인가? 서로 상담하고 있는 것이다.

청소년들이 주로 고민하는 이성 문제, 학업 문제, 진로 문제, 친구 문제, 부모님과의 문제 같은 것들을 놓고 서로 상담을 해 준다. 그러나 문제는 상담을 해 주는 상대도 똑같은 고민을 갖고 있는 청소년이라는 사실이다. 이런 식의 상담은 서로 위안이 될 수는 있을지 몰라도 문제를 폭넓게 이해하고 풀어가는 데에는 도움이 되지 않는다. 친구의 조언이라는 것이 결국 청소년의 사고와 경험 이상을 넘어설 수 없기 때문이다.

그럼에도 불구하고 왜 청소년들은 자신의 문제에 대한 첫 번째 상담 대상을 친구로 정할까? 그것은 자신의 문제를 함께 나눌 어른이 없기 때문이다. 정확하게 말하자면, 어른은 많지만 친구 같이 수평적 관계에서 이런 이야기를 들어줄 만한 어른이 주변에 없기 때문이다. 그래서 교사는 친구 같은 어른이 되어야 한다. 친구같이 소통하지만, 어른으로서 조언해 주는 그런 사역자야말로 청소년들이 진정으로 원하는, 그리고 필요로 하는 사역자이다.

절대로, 절대로 포기하지 마라!

중고등부 사역자는 감정 기복이 없도록 노력해야 한다. 청소년들 자체가 감정 기복이 심하기 때문에 거기에 일일이 반응하다가는 교육은 커녕 자기 맘에 상처만 키우고 만다. 그래서 청소년들이 어떠한 돌발적인 행동을 한다 해도 일단 초연하게 바라보고, 이성적으로 대처하는 자세가 필요하다.

그와 동시에 끈기가 필요하다. 청소년 사역은 아이들 곁에서 견뎌주는 사역이다. 언젠가 그 아이들은 성인이 될 것이다. 언제까지나 청소년은 아니다. 사역자는 그 시기를 함께 견뎌 주어야 한다.

한번은 소위 노는 남자 아이들 10여 명이 한꺼번에 교회에 왔다. 울긋불긋한 머리색깔이나, 치렁치렁한 복장까지는 그런 대로 봐주겠는데, 이 녀석들이 매주일 새벽에 술을 마시고 교회에 와서 자는 것이었다. 그러고는 술 냄새 풍기면서 중고등부 예배에 참석했다. 이러니 교회에서 말이 안 나올 수가 없다.

그래서 한 번은 불러다가 혼을 냈다. "한두 번도 아니고, 매번 이렇게 술 먹고 교회 와서야 되겠냐? 그리고 술을 먹었으면 집에 가서 자지, 왜 교회에 와서 잠을 자냐?" 이렇게 말하자 녀석들의 답이 가관이었다. "목사님, 술 먹고 집에 가서 자면 못 일어나서 예배에 참석할 수가 없어요."

뭐, 이런 녀석들이 다 있나? 술은 먹어야겠고, 또 선생님들이 그나마 사람 대접해주는 교회도 나와야 되겠고. 그래서 토요일에 술 먹어도 새벽에 교회 와서 자고 예배 나오는 것이다. 어떻게 하겠는가? 교회에서 자야 예배에 참석할 수 있다는데. 그래도 최대한 술은 먹지 말라고 타이르고, 야간 관리 집사님께 양해를 구했다.

그렇게 그럭저럭 지내고 있는데, 하필 내가 아이들을 데리고 중국 비전 트립을 가 있는 동안 사고가 터졌다. 야간 담당을 하시는 집사님이 사정이 있어서 쉬는 바람에 주간 관리 집사님이 대신 근무를 섰는데, 이 녀석들이 때마침 술을 먹고 새벽에 교회로 온 것이다.

집사님은 아이들을 나무랐고, 아이들이 시큰둥한 반응을 보이자 화가 나셨던 모양이었다. 아이들의 먹살을 잡고 밖으로 끌어내셨단다. 그렇게 쫓겨나자 하소연 할 때가 없는 녀석들이 중국으로 전화를 걸었다. 마침 그 아이들 담임선생님도 함께 있었는데, 전화를 한 녀석이 울면서 이렇게 말하는 것이다.

"교회에서도 우리를 안 받아주면, 우리는 어디 가요? 흑흑 … 우리는 갈 데가 없는데 …."

이놈들이 도무지 희망이 있는 녀석들인지 없는 녀석들인지는 모르겠다. 하지만 분명한 것이 하나 있다. 교회에서는 이 아이들을 받아주어야 한다는 사실이다. 그 교회가 어디인가? 바로 사역자 여러분이다. 청소년 사역자들이 포기하면, 쉴 그늘을 만들어주지 않으면 '아이들은 갈 데가 없다. 그 영혼을 누일 곳이 없다.

노는 아이들만 그런 것이 아니다. 청소년 사역을 시작한 지 얼마 안 되었을 무렵, 교회가 발칵 뒤집어진 사건이 있었다. 중고등부 임원들이 교육관 지하에 모여 함께 한잔 걸친 것이다. 몇몇 어른들이 화가 나서 호되게 아이들을 꾸짖었다.

나도 아이들의 책임자로서 혼낼까 하다가, 모른 척 눈감아주었다. 너무 안쓰러운 마음이 들었기 때문이다. 어떤 분들은 밖에서는 그럴 수 있다고 해도 어떻게 교회 안에서까지 술을 마실 수 있냐고 화를 내셨지만, 나는 오히려 교회라서 혼낼 수 없었다. 차라리 교회 밖에 호프집에서 술을 마셨다면, 혼을 냈을 것이다. 그런데 이 불쌍한 놈들이 그래도 보고 들은 것은 있어서 교회를 벗어나지는 못한 것이다. 교회를 벗어날 용기는 없고, 그래서 교회 안에서 소심한 일탈을 한 것이다. 잘못되었다는 것을 몰라서 그 아이들이 그렇게 한 것이 아니다. 그렇게밖에 풀 줄을 모르는 것이다.

단순히 술의 문제가 아니다. 이것이 오늘 교회 안에 있는 많은 청소년들의 현주소이다. 부모님 때문에 교회는 나온다. 감히 교회의 울타리를 벗어날 생각은 하지 못한다. 그러나 그 속에서 아무런 위로도, 소망도 보지 못한다. 그래서 믿지 않는 아이들과 똑같이 갈등하고, 고민하는 것이다. 그리고 고작 한다는 것이 저런 소심한 일탈이고 그마저도 죄책감에 가슴앓이를 한다.

새벽 두 시가 넘은 시간에 학원을 마치고 집에 돌아가는 길에 전화해서는 너무 힘들다고 울먹이던 녀석, 세 시가 넘어서 술 먹고 차비가 없다고 좀 데리러 와달라던 녀석, 뜻하지 않은 성관계의 충격으로 친구를 피해 다니던 아이, 가정 폭력 때문에 고민하는 친구를 위해 해 줄 게 없다고 내 손을 잡고 펑펑 울던 아이 …. 이것이 청소년으로 이 땅을 살아가는 고단한 아이들의 얼굴이다. 모두가 다 소망을 찾아, 쉴 자리를 찾아 헤매고 있다.

누가 이 아이들에게 그리스도의 사랑을 전하겠는가? 누가 이 아이들에게 넉넉히 쉴 그늘을 내어 주겠나? 누가 세상이 줄 수 없는 소망을 그들에게 보여주겠는가?

여러분이 포기하면, 아이들은 갈 곳이 없다. 세상 외에는 갈 곳이 없다. 절대로, 절대로 포기하지 말라. 그들은 여러분이 필요하다.

chapter 3.
청소년들의 상황, 이것만은 꼭 이해하라

가치관 : 꼭 그래야 해요?

어른들이 당연하다고 생각하는 일에 대해 청소년들은 의구심을 가질 수 있다. 정체성이 형성되는 시기이기 때문에 가치관 또한 아직 많은 혼란을 겪고 있다. 가치관이란 옳고 그름의 문제를 내포하기 때문에, 가치관의 혼란은 곧 죄의 문제와 직결된다. 그렇기에 바른 성경적 가치관을 확립하는 일은 매우 중요하다.

현대 사회는 가치관에 있어서 중요한 국면을 지나고 있다. 과거에는 어느 정도 통일된 문화와 가치관이 한 사회 안에 통용되었다. 그러나 오늘의 사회는 어느 시기보다 다양한 문화와 가치관이 공존한다. 절대적 가치가 부정되는 시대가 도래한 것이다. 이런 사회 속에서는 성인들조차도 가치관의 혼란을 겪을 때가 많다. 하물며 청소년들이야 두말할 나위가 없다.

청소년기에 가장 많이 생기는 질문 가운데 하나가 '왜 꼭 그래야 하는가?' 이다. '왜 그것만 옳다고 해야 하는가?' '왜 그것이 죄가 되는가?' 이런 질문 속에서 어떤 때는 어른들이 전혀 생각해 보지 않았던 생각을 하거나, 생각은 했어도 입 밖에 낼 수 없었던 충격적인 생각을 말할 때도 있다.

그런 말을 할 때 "넌 어떻게 그런 이상한 생각을 하니?", "넌 쓸데없는 생각만 하냐?"고 무시하거나 "그건 무조건 잘못된 거야. 성경에 위배되는 거야" 하는 식의 강압적인 태도로는 교육이 불가능하다. 먼저 그런 생각을 할 수 있다는 것을 전제로 해야 한다. "아, 그런 생각을 했구나. 그런데 이런 면도 있지 않니?" 하는 차원에서 접근을 해야 소통과 교육이 가능해진다.

가치관의 교육은 한순간에 이루어지지 않는다. 가정과 교회에서 지속적으로 멈추지 않고 성경적 가치관을 아이들에게 제시할 때 알게 모르게 서서히 바른 가치관이 정립될 수 있다.

비전 : 꿈을 강요하지 말라

요즘 청소년 사역자들이 입에 가장 많이 올리는 단어 중에 하나가 바로 '비전'이 아닌가 싶다. 이곳저곳에서 만나는 사역자들이 "요즈음 아이들은 비전이 없어요. 요즈음 아이들은 꿈이 없어요"라는 말을 많이 한다. 청소년들이 너무도 현실적인 사고를 갖게 돼서, 그저 좋은 대학가고 안정적인 직장 얻는 것에만 벌써부터 눈을 돌린다는 한탄이다.

그런 부분은 정말 안타까운 일이다. 청소년기는 인생에 대한 모든 가능성이 열려 있는 시기다. 이런 때 꿈꿔보지 않는다면 언제 또 꿈을 가져 보겠는가? 비록 현실적인 기준에서는 약간 어긋나 보이는 일이라도 아이들이 꿈을 가질 수 있었으면 좋겠다.

그러나 꿈, 비전이라는 말이 강조되면서 생기는 문제도 분명히 있다. "비전도 없이 구질구질한 인생 살고 싶니? 원대한 꿈을 가지고 기도하며 나아가자! 세상을 정복하자!" 가슴 벅찬 말이지만, 이것이 진정 성경에서 말하고 있는 비전을 의미하는 것인지 되짚어 봐야 한다.

청소년들에게 비전에 대해 얘기할 때 가장 많이 등장하는 인물이 요셉이다. "여러분, 요셉처럼 꿈을 가지세요! 요셉은 꿈이 있었기에 애굽에 팔려갔어도, 누명을 쓰고 감옥에 들어갔어도 굴하지 않고 결국 애굽의 총리가 될 수 있었습니다. 이처럼 꿈이 있는 사람은 현실에 굴하지 않습니다."

그런데 성경 어디를 봐도 요셉이 꿈을 가졌다는 근거를 찾아 볼 수가 없다. 요셉이 언제 애굽의 총리가 되겠다는 꿈을 꾸었다는 말인가? 꿈이라고 할 수 있는 것은 어릴 적 꾸었던 그 두 번의 꿈밖에 없다. 그 꿈을 요셉이 계속 붙들고 있었기에 요셉은 결국 성공할 수 있었다는 말에는 동의하기가 힘들다.

요셉은 비전을 붙들고 고난과 역경을 헤쳐 가며 자신의 일을 성취해 간 결과로 성공을 손에 얻은 것이 절대로 아니다. 아무런 소망이 없는 죄수에서 단 한 순간에 애굽의 총리가 된 것이다. 요셉 자신도 이런 일이 있으리라고는 상상도 못했을 것이다. 자신이 애굽의 총리가 되려고 한 적이 한 번도 없기 때문이다. 이게 어떻게 비전의 결과이고, 노력의 결과인가? 요셉이 한 일이라곤, 어떤 면에서 모든 것을 체념하고 묵묵히 버틴 것밖에 없다.

요셉은 견뎠을 뿐이고, 일은 하나님이 하셨다. 그래서 창세기 41장에 애굽의 총리가 된 요셉은 결혼 후 낳은 첫 아들의 이름을 '므낫세'라고 지었다. 므낫세란 "하나님이 나로 모든 고난과 나의 아비의 온 집일을 잊어버리게 하셨다"는 뜻이다. 무슨 말인가? 모든 것을 하나님이 이루셨다는 말이다.

백 번 양보해서 요셉이 어릴 적의 그 꿈 때문에 고난을 이겨내고 애굽의 총리가 되었다고 가정해도 얘기는 달라지지 않는다. 요셉은 그런 꿈을 꾸고 싶은 자기 의지가 전혀 없었음이 분명하기 때문이다. 그것은 그냥 하나님께서 꾸게 하셔서 꾼 꿈이지 그가 꾸고 싶어 꾼 꿈이 아니다. 바꿔 이야기하면 그 꿈은 요셉에 대한 하나님의 꿈이지 요셉 자신의 꿈이 아니었다는 말이다.

여기서 알 수 있는 것이 있다. 꿈을 너무 강조하면, 그 꿈은 자신의 야망이 될 수 있다는 것이다. 꿈은 하나님이 꾸셔야 하는데, 내가 내 맘대로 꿈을 꿔버리는 것이다. "소년이여 야망을 가져라!" 이 말은 예수 믿는 청소년들과는 무관한 말이다. 오히려 예수를 따르는 청소년들은 자신의 야망을 버리고 하나님께서 요구하시는 길에 순종하는 훈련을 지금부터 해나가야 한다. 사실 요셉이 한 일도 바로 그것이다. 원대한 비전을 품은 게 아니라, 고단한 현실 속에서 하나님께 순종하며 묵묵히 버틴 것이다.

그래서 너무 분명한 꿈을 가지고 있는 청소년들을 보면 조금 더 기도해 보고 생각해 보라고 권한다. 청소년 시기에 너무 분명한 자기 의지는 자칫 하나님의 인도하심을 외면하는 길이 될 수 있기 때문이다. 하나님의 꿈이 아니라, 자기 꿈일 가능성이 농후하다.

물론 어떤 사람들은 청소년기부터 하나님께서 분명한 꿈을 주시고 그 꿈을 이루도록 하시는 경우가 있다. 그러나 그보다 더 많은 경우에 하나님께서는 시간이 흐르는 가운데 조금씩 하나님께서 원하시는 방향과 길을 보여주시고 인도하신다. 그러니 너무 성급하게 "넌 왜 꿈도 없니? 확고한 비전이 있어야지!" 할 일이 아니다.

결국 우리가 청소년들에게 가르쳐야 할 꿈, 진정한 비전은 매일의 삶 속에서 하나님의 뜻을 구하고 순종하는 인생이다. 하나님 말씀을 붙드는 가운데 현실과 쉽게 타협하지 않으며 야망을 신앙으로 포장하지 않는 삶을 살아가도록 가르치고 독려해야 한다.

직업관 : 직업은 사명이다

언젠가 가르치던 한 아이가 선생님들 앞서 달려가서 중고등부실의 문을 열어주었다. 그리고는 들어오는 선생님들에게 "어서 옵쇼!" 하고 굽실 허리를 굽혔다 폈다. 나는 재미있다고 웃었는데 한 선생님은 심기가 편치 않으셨나 보다. 대뜸 "야! 너 나중에 그런 식당 종업원이나 될래?" 하시는 것이다. 좀 민망해서 "선생님, 식당 종업원도 열심히 하면 되지 않겠습니까?" 했다. 그러자 선생님은 "아이들이 꿈을 크게 가져야지. 식당 종업원이 뭡니까? 벌써부터 식당 종업원 흉내나 내서야 되겠습니까?"라고 말하셨다.

뭐, 문 앞에서 긴 얘기를 할 수는 없어서 그냥 넘어가고 말았다. 아이의 단순한 장난에 그리 크게 반응하시는 것도 불편했지만, 그 분이 가지고 있는 잘못된 직업관에 기분이 씁쓸했다.

가르치는 아이가 사회적으로 인정받는 위치에 서서 선한 영향력을 끼쳤으면 좋겠다고 생각하는 것을 잘못되었다고 말하는 것이 아니다. 사회적으로 높아 보이지 않는 직업은 가치 없다고 여기는 태도가 문제라는 것이다. 모두가 대통령일 수 없고, 모두가 변호사, 의사일 수 없다. 그리고 그렇게 되어서도 안 된다. 모든 건전한 직업은 하나님 앞에서 동등한 사명이다. 중요한 것은 그 사명의 자리에서 충성하느냐 그렇지 못하느냐 하는 것이지 지위의 높낮이가 아니다.

마태복음 25장의 달란트 비유를 보면 그 주인(하나님)이 종들을 칭찬하실 때 종들이 일하여 남긴 이득의 분량에 대해서는 전혀 언급하시지 않는다. 오직 칭찬의 제목은 "착하고 충성된 종아!"이다. 사실 그 다음에 따라오는 말씀을 더 주목해야 한다. "네가 작은 일에 충성하였으매" 하는 말씀이다. 다섯 달란트, 두 달란트, 한 달란트는 우리가 보기에 큰 차이지만 주인이 보기에는 다 "작은 일에 충성한" 것일 뿐이다. 일은 주인이 보시기에는 다 작다. 우리 하나님은 어떤 분인가? 그 분 앞에서는 왕이든 종이든 다 작다. 중요한 것은 "충성"을 했느냐 하지 않았느냐의 문제다. 사명은 충성을 요구한다. 하나님 앞에 신실한 청소부는 하나님 앞에 바르지 못한 대통령보다 훌륭하다. 이게 바로 성경이 가르치는 바이다.

우리는 청소년들에게 바른 직업관을 심어주어야 한다. 무조건 높은 자리에 올라가라고 부추길 일이 아니다. 성공 지향의 세속적 가치관을 교회 안에 그대로 가져와서는 안 된다.

그러나 더욱 큰 문제는 우리가 머리로는 알아도 내 자식, 내 제자는 예외에 둔다는 데 있다. 하나님 앞에서 바른 모든 직업은 귀하지만 그래도 내 자식, 내 제자는 기왕이면 높은 자리에 올라가면 좋겠다는 생각이 문제다. 내 자식, 내 제자 역시 아무도 알아주지 않는 이 사회의 한 구석에 설 수 있음을 인정해야 한다. 우리는 그들이 그 구석을 밝히는 촛불이 될 수 있기를 간구해야 한다. 이 믿음을 선생 된, 부모 된 우리가 먼저 가져야 하지 않나 생각해 본다.

성(性) : 왜곡된 성문화 속에서

중학교 2학년 여학생 두 명과 길을 걸으며 이야기하고 있었다. 그런데 그중 한 아이가 이런 질문을 하는 것이다. "목사님, 그런데 예수님은 정말 한 번도 안 해 보셨을까요?" 처음에 이게 무슨 질문인지 몰랐다. "안 해 보다니, 뭘?" 그러자 아이는 안색 하나 안 변하고 말하는 것이다. "그거요." 무슨 얘기인가 하면 예수님이 성관계를 한 번도 안 가시셨는지 묻는 것이다. 그 얘기를 듣고 나는 깜짝 놀랐다. 그런데 더 놀란 것은 옆에 있던 아이의 반응이다. 그 아이는 한심하다는 듯 친구를 쳐다보더니 이렇게 말했다. "야, 설마 한 번도 안 해 보셨겠냐?"

다른 걸 차치하고 중2 여학생이 남자 목사에게 거리낌 없이 이런 말을 할 수 있다는 것 자체가 요즘 아이들의 성에 대한 의식을 보여주는 한 단면이라고 생각된다.

요즘 아이들의 성의식은 과거에 비해 분명히 개방적이다. 개방적이라는 말에는 두 가지 의미가 있다. 하나는 성을 더 가볍게 여긴다는 것이다. 다른 면은 과거에는 쉬쉬하던 것들을 거리낌 없이 표현한다는 의미이다.

사실 성이라는 문제는 시대를 막론하고 청소년기에 가장 민감한 사안이다. 청소년들의 성적인 일탈도 어제 오늘의 일은 아니다. 다만, 과거에는 있어도 부끄러워하고 쉬쉬하던 문제를 이제는 거리낌 없이 표현한다는 게 다를 뿐이다. 이런 문화가 형성된 데는 성에 대해 개방적인 매체의 영향이 지대했음을 부정할 수 없다.

아이들과 이야기를 나눠보면 알겠지만, 혼전순결 정도의 주제는 이제 아이들 사이에서는 별로 논란도 되지 않을 법하다. "사랑하면 왜 안 되느냐?"라는 것이 대부분 아이들의 반응이다. 교회에 나오는 아이들도 크게 다르지 않다.

성에 대한 성경적 가치관을 제시하기 위해서는 보다 적극적인 접근이 필요할 때라고 보여진다. 중2 여학생이 목사에게 "예수님은 안 해보셨어요?" 물어보는 마당에, "정자와 난자 어쩌구…, 이성 교제는 순수한 마음으로 …" 이런 겉도는 이야기만 해서는 더 이상 아이들에게 먹히지 않는다. 보다 솔직한 성 담론을 통해서 성경에 기초한 바른 이성관, 성적 가치관을 심어 주는 일이 시급하다.

아울러 동성애에 대한 기준을 반드시 제시해 주어야 할 필요가 있다. 우리 사회에 동성애에 대한 접근은 두 부류로 나눠진다. 하나는 "개인 취향이다. 인정하자" 하는 것이고 다른 쪽은 마치 벌레 보듯 끔찍하게 여기는 것이다. 사실, 교회 안에서의 반응도 다르지 않다.

이 두 가지 모두 바른 태도는 아니라고 본다. 먼저 성경에서 동성애를 죄로 선언하는 것은 분명하다(레 18:22, 20:13 ; 롬 1:26-27; 고전 6:9). 간혹 어떤 분들은 동성애가 일종의 정신병이라는 차원에 접근해서, 죄를 희석시키려고 하는데 이는 잘못된 것이다. 우리가 죄를 죄라고 하지 않으면, 더 이상 십자가가 필요 없어진다. 주님은 죄인을 사랑하셨지만, 죄를 사랑하시거나 허용하신 것은 절대로 아니다.

그러나 한 가지 더 분명하게 알아야 할 것은 그것이 다른 성적 죄에 비하여 더 경멸하게 여겨야 할 특별한 범죄는 아니라는 것이다. 우리 모두가 죄인이고, 우리 모두가 성적 범죄에 노출되어 있다는 점에서 동성애자를 특별히 더 가증스럽게 여기고, 벌레 취급하듯 하는 것은 확실히 부당한 일이다. 그것은 마치 타인의 죄를 정죄해서 자기 의를 드러내려는 바리새인의 태도와 다르지 않다.

동성애자들을 교회가 수용하고, 어떤 실제적인 도움을 줄 수 있을 것인가 하는 문제는 쉬운 일은 아니다. 그러나 그들도 우리와 다르지 않은 죄인이라는 사실, 그리고 우리가 그렇듯 그들도 그리스도가 필요하다는 사실을 아이들에게 분명히 교육해야 한다.

부모 관계 : 아이들도 울고 있다

아이가 청소년기에 접어들면서 아이와 부모 관계는 중요한 변화의 국면을 맞게 된다. 전에 없는 갈등이 생겨나기 시작한다. 갈등이 생겨나고, 점점 갈등이 깊어지면 부모님은 아이를 오해하기 시작한다.

이제 자녀가 부모님의 요구에 대해 관심을 갖지 않는다고 생각하는 것이다. 부모님을 아랑곳하지 않고 제멋대로 행동한다는 오해다.

그러나 아이들 가운데 부모님을 생각하지 않는 아이는 하나도 없다. 오히려 청소년들은 독립적일 것을 요구하는 자아와 부모님에 대한 사랑 속에서 갈등하고 있다. 여기서 청소년들이 이해하는 부모님에 대한 사랑이란 여전히 부모 의존적일 것을 요구하는 부모님의 기대에 대한 부응이다.

현장에서 만나는 청소년들이 가장 많이 받는 스트레스 중 하나가 무엇인지 아는가? 자신이 부모님의 기대에 미치지 못하고 있다는 자괴감이다. 이는 청소년들을 자포자기하게 만드는 중요한 이유가 된다. 부모님이 청소년 자녀 때문에 뿌리는 눈물만큼 아이들도 울고 있다는 사실을 알아야 한다.

부모님이 가진 애정만큼 아이들도 부모님에 대한 애정이 있다. 그래서 부모님을 벗어나야 하는 필연적인 자기 정체성과 여전히 부모 의존적이기를 원하는 부모 사이에서의 갈등이 생긴다. 애정이 애증이 된다. 자신과 부모 사이에서 방황하게 된다. 어떻게 해야 할까? 부모가 놓아주어야 한다.

청소년기 아이들을 계속 부모 속에 가두려고 해서는 안 된다. 부모님들이 먼저 생각을 바꿔야 한다. 그래야 아이들이 당연한 과정을 겪으면서도 부모님에 대한 죄책감을 갖는 안타까운 일을 피할 수 있다. 관리자에서 조력자로 위치를 바꿀 때 비로소 청소년 교육이 시작된다. 이것은 청소년 교사에게뿐 아니라 부모님에게도 요구되는 태도다.

청소년기 부모와 자녀 관계는 문제가 전혀 없는 관계가 될 수 없다.

다만 그 문제를 어떻게 서로 풀어 가는가 하는 것이 문제다. 바로 그 문제를 풀어 가는 데 있어 청소년과 부모 사이에 다리가 되어주는 것이 청소년 사역자다. 청소년과 부모를 소통시켜 주고 이해시켜 주는 것은 청소년 사역의 중요한 영역 가운데 하나이다.

부모님들이 가장 못하는 것이 믿고 기다려 주는 일이다. 그래서 대부분의 학부모 상담은 학생에 대한 신뢰를 부모님에게 심어 주는 방향에서 접근하게 된다. 반대로 학생들이 부모님에 대해 가장 이해하지 못하는 부분은 부모님도 서툴 수 있다는 사실이다.

얼마 전에 한 드라마에서 엄마가 중학생 딸에게 했던 대사가 참 인상적이었다. 이혼 당하고 남의 집에서 가정부로 일하는 엄마에게 딸이 소리친다. "엄마는 왜 이렇게 구질구질하게 살아!" 그런 딸을 붙들고 엄마는 이렇게 이야기한다. "○○야, 너도 힘들다는 거 알겠지만, 네가 엄마를 이해해 줘야 될 부분이 있어. 엄마도 엄마가 처음이야. 그래서 어떻게 해야 잘하는 건지 모를 때가 많아. 네가 이해해줘야 돼. 그럴 수 있지?"

바로 이게 부모님들이 가장 인정 못하는 부분임과 동시에 아이들이 부모님에 대해 가장 이해 못하는 부분이다. 아이가 부모님 보기에 서툰 만큼이나, 부모님도 아이에 대해 서툴다. 그들도 청소년의 부모가 되는 것은 처음이다. 부모님이 아이를 이해해줘야 하는 만큼이나, 아이들이 부모님을 이해해주어야 하는 부분이 있다.

청소년 시기에는 부모님도 울고, 아이도 운다. 그러나 서로를 조금만 알면 서로의 눈물을 닦아 줄 수 있다. 그래서 청소년 사역자들이 이 둘 사이에 필요한 것이다.

학업 : 1등은 한 명이다

우리나라 청소년들의 가장 큰 고민은 뭐니 뭐니 해도 공부다. 공부에 대해서 전혀 스트레스 받지 않아도 될 것 같은 학생들까지 온통 공부로 스트레스를 받는다. 전교 1등은 1등 지키는 게 불안해서 죽고, 전교 꼴등은 꼴등이라고 죽는 게 대한민국 땅이다.

어차피 1등은 한 명이다. 모든 학생을 1등이 되라고 등 떠밀 이유가 없다. 엄밀히 말해 공부도 재능 가운데 하나이다. 어떤 아이들은 스쳐도 100점이고 어떤 아이들은 죽어라 공부해도 80점 밖에 안 나온다.

교육 얘기하면 다들 교육 정책이나 제도의 문제점에 대해 열변을 쏟아놓는다. 이 나라에서는 도저히 아이들을 제대로 교육할 수 없다고 떠나는 분들도 있다. 그러나 외국에 나가보니 이민 사회도 한국 사람이 있는 곳에는 다 과외가 있다. 다른 어떤 이의 책임이 아닌 우리의 책임이다. 남 이야기 할 것 없다. 바라기는 제발 교회 안에서는 공부 못해도 당당한, 아니 당당하다 못해 뻔뻔스러운 아이들이 좀 생겨났으면 좋겠다. 그렇게 되기 위해서는 사역자들이 먼저 태도를 바르게 가져야 한다. 공부 못한다고 교회에서마저 의기소침하지 않도록 독려해 주어야 한다. 바르게 신앙생활하지 못하는 아이를 공부 잘한다는 이유로 추켜세워서는 안 된다.

물론 공부를 하는 게 안 하는 것보다야 백 번 낫다. 그런데 그 공부 때문에 더 중요한 것들이 희생되면 문제다. 신앙, 재능, 희생, 윤리 이런 것들이 온통 무시된 데서야 그 공부가 무슨 소용이 있겠는가?

부모님들이 자주 하는 말이 있다. "너는 아무것도 신경 쓰지 말고 공부만 해라." 이런 말은 굉장히 위험한 말이다. 공부 말고는 아무것도 모르는 아이, 자기 공부를 위한 타인의 희생을 당연하게 여기는 아이를 만들어서 어떻게 하겠다는 건지 모르겠다. 자기 공부를 위해 가족들이나, 친구들이 당연히 희생해야 한다고 생각하는 아이, 공부를 위해 더 중요한 신앙적 가치를 무시하는 아이를 만들어서는 안 된다.

아무것도 신경 쓰지 않고 공부만 했던 똑똑한 아이들이 사회적으로 성공해서 이 사회의 지도자가 되면 거기서 더 큰 비극이 시작된다. 우리는 "아무것도 신경쓰지 않고 공부만" 하는 아이가 아니라 "이것저것 신경써 가며 공부할 줄 아는" 아이로 교육해야 한다.

친구관계 : 또래집단 안에서

청소년기에 있어 친구의 중요성은 앞에서도 누누이 언급했다. 청소년들은 친구에 민감하고 때로는 과할 만큼 친구에 집착한다. 그러나 이런 친구에 대한 과도한 기대감이 오히려 소외감을 느끼게 하는 원인으로 작용하기도 한다. 청소년기에 경험하는 친구에 대한 고민 가운데 대부분이 이런 소외감에서 비롯된다.

어느 날 한 학생이 상담을 요청했다. 상담의 내용은 친구들이 미묘하게 자기만 따돌린다는 것이다. 평소 그 아이가 그 친구들과 친하게 붙어 다녔던 지라, 아이의 말은 뜻밖이었다.

그래서 다른 아이들을 좀 만나보았다. 물론 아이의 상담 이야기는 절대 하지 않았다. 그런데 참 재미있는 것은 모든 아이들이 공통적으로 다른 친구들이 자기만 빼놓고는 서로 친하다고 생각하는 것이었다.

또래집단의 응집력이 강하면 강할수록, 서로에 대해 많은 것을 요구하면 할수록 그 무리에 속한 각각의 아이들은 많은 소외감을 느끼게 된다. 사실 그 소외감은 근거 없는 소외감이다. 자신이 너무 많은 애착을 가지고 있기 때문에 상대의 반응이 조금이라도 소홀하다고 생각되면 소외감을 느끼게 된다.

친구들에게 자신이 조금이라도 소외될까 하는 두려움이 오히려 다른 친구를 따돌리는 행동으로 나타나기도 한다. 현장에서 유달리 그룹을 만들어 다른 친구들을 따돌리는 아이들을 가만히 관찰해 보면 그 자신이 친구 관계에 대한 일종의 공포를 갖고 있는 것을 볼 수 있다. 자신이 소외당하는 것이 두려워서 친구에 집착하고, 자신의 친구를 자신만의 친구로 소유하고 싶어 하는 것이다. 그러다 보니 자신의 친구에게 조금이라도 더 친근하게 접근하는 아이를 그냥 두고 볼 수가 없어진다. 친구 관계에서 자신의 주도적인 위치를 조금이라도 위협하는 아이를 그냥 두고 볼 수가 없는 것이다. 그래서 먼저 친구를 따돌리는 공격적인 성향을 나타낸다.

그러므로 청소년 사역자들은 청소년들의 친구 관계를 보다 발전적이고 건설적인 방향으로 도전해 줄 필요가 있다. 불필요한 감정싸움보다 서로를 신뢰하는 믿음을 발전시키도록 돕는 것이다. 이를 위해서는 무엇보다 청소년들이 친구에게 너무 기대지 않도록, 친구는 내 사랑을 충족시켜주는 존재가 아니라, 내가 사랑해주어야 하는 존재인 것을 끊임없이 알려주어야 한다. 무엇보다 사역자가 친구 같은 어른으로 청소년들의 든든한 정서적 버팀목이 되어주어야 한다.

자존감 : '나는 안 돼' 라고 말하는 아이들에게

현장에서 만나는 많은 청소년들이 아주 낮은 자존감을 가지고 있는 경우가 많다. 불우한 가정환경, 원만하지 못한 부모님과의 관계, 성적에 대한 스트레스, 친구 관계, 외모 등의 여러 가지 원인을 꼽을 수 있다. 원인을 찾아 제거할 수 있다면 좋겠지만, 그렇게 할 수 없는 경우가 대부분이다. 그렇다면 낮은 자존감을 가진 아이들에게 사역자들이 해 줄 수 있는 것은 무엇일까? 두 가지를 생각해 볼 수 있다.

첫째, 사랑해 주고 인정해 주는 것이다. 자신의 모습과 무관하게 사랑받고 인정받을 때 청소년들은 자신의 가치를 깨닫게 된다.

둘째, 우리의 가치가 우리의 환경이나 상황에 따라 변하는 것이 결코 아니라는 사실을 끊임없이 알려주어야 한다. 우리의 가치는 하나님의 형상을 닮은 존재로서 갖는 가치이며, 독생자 예수 그리스도께서 죽기까지 사랑하신 존재로서의 가치다. 한 영혼이 천하보다 귀하다고 하신 하나님 말씀에 근거한 가치다. 이러한 절대적 가치로서의 우리 존재를 끊임없이 알려 주어야 한다.

청소년 사역자는 이런 일을 해야 한다. 그런데 가만히 보면 청소년 사역자들이 오히려 아이들을 가장 함부로 대하는 면이 있는 것 같다. 다른 사람 이야기가 아니고 나의 이야기다.

사역을 하면서 갖게 된 중요한 철칙 가운데 하나가 있다. 아이들의 인격을 건드리는 말은 농담이라도 하지 않으며, 만일 무의식중에라도 그런 실수를 한 일이 있으면 즉각 사과하는 것이다. 이런 철칙은 아이들과 겪었던 가장 큰 위기의 경험에서 비롯된 것이다.

청소년 사역을 시작하고 몇 년이 지났을 무렵이었다. 이제 어느 정도 청소년들을 안다고 자부하는 마음이 생기기 시작했던 모양이다. 몇몇 아이들과 충분히 친하다고 생각해서 그 아이들에게 편하게 농담을 막 던졌다. 그런데 거기에 몇몇 아이들이 상처를 받은 것이다. (아이들은 관계와 감정에 훨씬 민감하다는 사실을 기억하라.) 어쨌든 얼마 지나지 않아 그 사실을 알게 되었을 때, 그리 대수롭지 않게 생각했다. '뭘, 그까짓 걸 가지고. 좀 지나면 알아서 풀리겠지.' 그런데 그게 실수였다. 바로 불러서 정중히 사과만 했다면 별 문제 없었을 것이다. 그러나 한 때의 실수로 정말 힘든 일을 겪어야 했다.

상처 받은 아이들이 다른 아이들을 부추기면서 아이들과의 관계가 걷잡을 수 없이 악화되었다. 아마 10년의 사역 기간 가운데 가장 힘든 시기를 보냈던 것 같다. 결국 좋게 해결되었지만, 많은 아픔을 겪어야 했고, 많은 시간을 허비해야 했다.

청소년 사역자들은 청소년들이 자신보다 어리고, 아직 어른이 아니라는 생각 때문에 그들을 함부로 대하기 쉽다. 그러나 청소년들은 아직 어리고, 감정이 미숙하기 때문에 오히려 더 조심스럽게 대해야 한다. 사역자들의 태도 역시 아이들의 자존감에 중요한 영향을 미치고 있음을 기억해야 한다.

청소년 사역자들은 언제든 아이들을 존중해야 한다. '그래도 내가 어른인데….' 이런 인식을 가지고 있으면 안 된다. 동등한 인격으로 조심스럽게 대하고, 사랑해 줄 때 청소년들도 자신을 귀중히 여기는 방법을 배우게 된다.

Part 2

중고등부 사역
실전 매뉴얼

chapter 4.
대상으로 분류하는 세 가지 사역

청소년 사역의 대상은 당연히 청소년이다. 그러나 청소년에서 끝나지 않는다. 청소년 사역은 그 대상을 기준으로 세 가지 사역으로 분류된다.

학생을 동역자로 세워라

첫째, 학생 사역이다. 학생 사역이란 학생을 전도하고 양육, 훈련함을 통해 궁극적으로 사역의 동역자로 삼는 일이다. 학생 사역이야말로 청소년 사역과 어린이 사역을 나누는 가장 큰 차이점이라고 할 수 있다.

교역자의 입장에서 보면 어린이 사역은 교사 사역이다. 어린이 사역의 90퍼센트 이상이 교사가 어떻게 하느냐에 따라 좌우된다고 해도 과언이 아니다. 어린이는 교사 의존적이기 때문이다. 임원이나 학생 자치회가 있다고 해도 명목상 존재할 뿐 그 기능은 매우 제한적이다. 따라서 어린이 사역은 교역자와 교사 간의 팀워크가 무엇보다 중요하며, 교사의 성숙도, 헌신도, 역량과 더불어 각 교사가 담당하는 학생들을 얼마나 잘 돌보느냐가 사역의 관건이다.

그러나 청소년 사역은 조금 다르다. 청소년 사역은 교역자와 교사만 열심을 내어서는 절름발이 사역이 될 수밖에 없다. 교역자와 교사뿐 아니라, 학생 리더들이 원활한 팀워크를 이루어야 온전한 사역이 가능하다. 임원이나 학생 자치회 같은 학생 리더 그룹이 제대로 서지 않으면 효과적인 사역이 불가능하다.

그래서 청소년 사역은 교역자 입장에서 보면 학생과 교사의 비중이 50대 50이다. 교사가 조금 부족해도 학생 리더들이 제대로 훈련만 받고 서 있으면 어느 정도 교사의 공백을 메울 수 있다. 반면에 교사들이 아무리 열심을 내도 학생 리더 그룹이 제대로 서 있지 않으면 사역이 어렵다.

훈련된 학생 리더들은 전도, 양육, 돌봄, 봉사 등 사역의 전 영역에서 매우 실제적인 도움을 준다. 현장에서 경험하는 그들의 역량은 어지간한 교사를 넘어서기도 한다. 이 부분에 관한 보다 상세한 내용은 차후에 구체적으로 다루기로 하겠다.

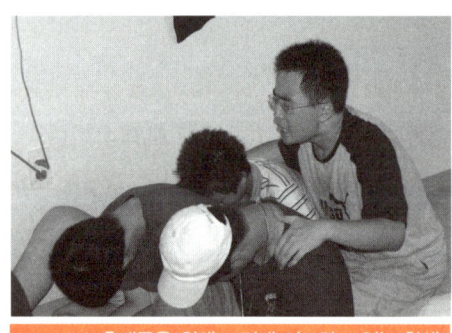
▶후배들을 위해 뜨겁게 기도하고 있는 학생

교사로서의 전문성을 갖춰라

둘째, 교사 사역이다. 교사 사역은 먼저 교사가 온전히 헌신된 그리스도인으로 자라감과 동시에 청소년 교육에 적합한 전문성을 지닌 사역자가 되도록 하는 일이다.

앞서도 언급했듯이 어린이 사역이 교사 주도적 사역이라면, 청소년 사역에서 교사는 조력자 혹은 조언자가 되어야 한다. 이 말을 자칫 오해해서 어린이 사역에 비해 청소년 사역을 담당하는 교사는 조금 수월하게 해도 된다는 말로 생각하면 안 된다. 주도적이 된다, 조력자가 된다는 것은 헌신도의 차이나, 역량의 차이를 의미하는 것이 아니라 단지 역할의 차이를 말하는 것이다.

때로 조력자가 되기보다는 주도적인 것이 속편할 때도 있다. 내가 하면 한 시간에 끝낼 일을 청소년들에게 시켜놓고 두 시간 기다려 주어야 하는 경우가 생기기 때문이다. 많은 경우에 내가 하는 것보다 하도록 도와주는 일이 훨씬 어렵다는 것을 알게 된다.

청소년 교사들은 바로 이 조력자, 조언자라는 역할의 차원에서 자신의 위치를 잘 규정하고, 그에 맞는 교육과 훈련을 해 나가야 한다.

교사는 스스로를 성숙한 그리스도인으로 세우기 위해 끊임없이 노력해야 한다. 동시에 교육 대상의 상황을 잘 이해하기 위해 훈련 받고, 전문적인 돌봄과 가르침을 위해 교육받고 연구하는 일을 지속적으로 감당해야 한다.

무엇보다 현장을 지키는 일이 중요하다. 누구도 처음부터 훌륭한 교사일 수 없다. 10년을 사역해도 자신이 바라는 이상형과는 괴리가 있을 수밖에 없다. 그러나 그렇다고 해서 포기한다면 누구도 교사가 될 수 없을 것이다.

청소년들의 성장에 인내가 필요한 것처럼 좋은 교사 한 사람이 세워지는 데는 많은 시간과 노력이 필요하다. 자기 자신에게도 성장할 수 있는 시간을 주어야 한다.

학부모를 후원자로 세워라

셋째, 학부모 사역이다. 학부모 사역은 학부모에게 청소년 사역을 바로 이해시키고, 가정의 바른 역할을 제시함과 동시에 그들을 사역의 가장 강력한 후원자로 세우는 사역이다.

대체로 청소년 사역자들은 청소년들이 좋아서 교역자가 되거나 교사가 된다. 그래서 처음에는 어떻게든 청소년들을 붙잡고 뭔가 해보려고 노력한다. 그러나 시간이 흐를수록 청소년들만을 대상으로 해서는 온전한 사역이 이루어질 수 없다는 사실을 깨닫는다.

애쓰고 힘써서 변화된 아이가 집에 돌아가면서 완전히 원위치가 되어버린다. 가출한 아이를 겨우 설득해서 들여보내고 나면, 반복되는 부모님과의 동일한 갈등으로 또다시 가출을 한다. 결국 청소년 교육의 일차적 책임을 지는 사람은 교사가 아니라, 부모다. 교회보다 훨씬 더 많은 시간을 보내는 곳이 가정이고 교사보다 훨씬 더 많은 시간을 만나는 사람이 부모이기 때문이다. 청소년 사역자들은 학부모들이 그저 자녀의 영적 성장에 대한 모든 책임을 교회와 교사에게 떠넘기고 물러서 있지 않도록 섬길 필요가 있다.
 학부모에 대한 효과적인 사역이 지속되면 학부모들이야말로, 청소년 사역의 최대 지원군임과 동시에 가장 든든한 동역자라는 사실을 알게 될 것이다. 청소년들을 가장 사랑하는 사람은 교역자도, 교사도 아니고 바로 부모님들이기 때문이다.

chapter 5.
중고등부 운영의 기본기 다지기

청소년 사역의 대상을 이해했다면 이제 필요한 일은 교육 기획을 하는 일이다. 중고등부 운영 기획이라고 하면, 당장에 떠오르는 것이 연간 프로그램 운영 계획표 정도일지 모르겠다. 몇 가지 사역 목표를 제시하고, 표어를 정하고, 그 해에 할 여러 가지 프로그램들을 나열한 기획 말이다. 그러나 교육 기획이라는 것은 그 이상의 것을 의미한다. 거기에는 적어도 아래와 같은 핵심 내용이 언급되어야 할 것이다.

- 교육 철학
- 교육 대상에 따른 사역 분야 분류
- 사역 분야에 따른 상시 교육 프로그램 및 커리큘럼 구성
- 조직 및 인력 배치
- 정확한 목표에 근거한 단회성 행사 프로그램의 배치

이러한 내용이 반영된 교육 기획안의 예는 이 책의 3부에 제시되어 있다. 하지만 여기서 잠깐! 절대로 성급하게 바로 3부로 건너뛰지 않길 바란다. 2부를 읽지 않은 상태에서는 3부를 봐도 아무런 유익을 얻을 수 없기 때문이다.

2부에서는 각 청소년 사역 분야의 중요한 원칙과 원리들을 구체적인 적용 방법과 더불어 정리하였다. 2부에 언급된 내용은 지난 5년여간의 외부 강연을 통해 만난 여러 교역자들과 교사들의 고민들을 염두에 두고 정리한 실제 사역의 핵심 내용들이다.

그럼 먼저 프로그램과 조직 운영에 관한 가장 기본적인 원리 몇 가지부터 살펴보도록 하겠다.

목적과 목표, 대상을 분명히 하라

보통 사역자들이 처음 사역을 시작하면 다른 곳에서 성공했다는 이런 저런 프로그램을 가져다가 시도해 본다. 상당 기간 사역을 한 사역자도 청소년 사역에 대한 분명한 윤곽이 잡혀 있지 않으면 이런 식으로 사역을 끌어간다.

그런데 대부분의 경우 이런 시도는 실패하고 만다. 그 이유는 여러 가지가 있지만, 가장 중요한 첫 번째 이유는 분명한 목적과 목표, 그리고 대상에 대한 이해가 생략되었기 때문이다.

다른 사람의 것을 가져다 적용하든지 내가 독창적인 내용을 만들든지 간에 분명한 목적과 목표, 대상이 정해져 있지 않은 프로그램은 실패할 수밖에 없다. 그러므로 분명한 사역 시스템을 세우고, 효과적인 프로그램으로 적용해 내기 위해서 이 세 가지에 대한 질문을 던져야 한다.

첫째, 사역의 목적이 무엇인가? 수년 전 릭 워렌 목사님의 「새들백 교회 이야기」, 「목적이 이끄는 삶」이 출간된 이래 사역과 인생의 '목적'에 관한 도전이 태풍처럼 한국교회를 쓸고 지나갔다. 릭 워렌 목사님의 주장에 대하여 이런 저런 평가가 많았지만, 사역의 분명한 목적을 정의하는 일은 목회와 교육의 본질을 가늠하는 중요한 문제인 것만은 분명해 보인다.

청소년 사역의 목적이 무엇인가 하는 질문은 사실 교회의 존재 목적이 무엇인가 하는 교회론에 대한 질문과 다르지 않다. 이 부분은 담임목회자의 목회 철학과도 긴밀하게 맞물려 있는 것이기 때문에 가능한 한 청소년 사역자가 담임 목회자와의 긴밀한 소통을 통해 이 부분을 분명히 정의하고 들어가는 것이 좋다. 일반적으로 예배, 교제, 봉사, 사역, 전도(선교) 다섯 가지 맥락에서 목적을 진술한다.

둘째, 사역의 목표는 무엇인가? 나는 여기서 목표라는 말을 궁극적인 목적을 이루기 위한 단기적인 목적이라는 의미로 사용하려 한다.

예를 들어, '청소년을 온전한 예배자로 세운다' 라는 목적이 있다. 그렇다면 '우리는 어떻게 청소년들이 온전한 예배자로 설 수 있도록 도울 것인가?' 하는 질문을 던지게 된다. 거기에서 이런 답변을 얻는다. '먼저 예배에 대한 바른 이해를 제공하자.' 혹은 '먼저 예배가 얼마나 기쁜 것인지를 느끼게 해주자.' 어떤 식으로든 궁극적인 목적으로 가기 위한 중간 과정을 생각하게 된다. 이것을 목표라고 한다.

그리고 '먼저 예배에 대한 바른 이해를 제공하자'는 결론을 내리고, '그럼 어떻게 예배에 대한 바른 이해를 제공해 줄 수 있을 것인가?' 하는 질문에 대해 '청소년 예배 학교를 개설해 보자' 하는 답을 내렸다고 해보자. 그러면 '청소년 예배 학교'라는 프로그램이 생기는 것이다.

셋째, 사역의 대상은 누구인가? 청소년 사역의 대상은 당연히 청소년이다. 앞에서 본 내용들이 떠오르는가? 교사와 학부모도 포함시킬 수 있다. 사역의 윤곽을 잡을 때는 여기까지면 족하지만, 이제 구체적인 목표를 선정하고 프로그램을 기획하려면 한 단계 더 나갈 필요가 있다. 청소년인데 어떤 청소년인가 하는 질문이다.

청소년도 다양한 연령층이 있다. 물론 그들에게 청소년기가 갖는 공통점이 있고, 동일한 필요가 있다는 사실은 분명하다. 그러나 고려되어야 할 차이점도 분명 존재한다. 고3과 중1은 수준차이가 현격하다. 세부적인 프로그램으로 들어가면 구분되는 적용이 필요하다. 또 같은 연령대의 청소년이라 할지라도 신앙의 수준은 천차만별이라는 점도 고려해야 한다.

지역적인 특수성도 있다. 청소년들의 성향도 지역마다 조금씩 다른 부분이 있다. 나는 10년 동안 서울에서만 사역을 했지만, 서울만 보아도 지역마다 조금씩 다른 분위기가 있다.

예를 들어, 성경 퀴즈대회를 진행한다고 해보자. 어떤 지역에서는 MP3 플레이어 한 대만 걸어도 아이들이 목숨 걸고 공부한다. 그런데 어떤 지역에서는 그 정도의 상품에는 아이들이 관심도 갖지 않는다. 그렇게 고생 안 해도 그 정도는 충분히 가질 수 있기 때문이다.

교회마다 차이가 나기도 한다. 담임 목회자와 성도들의 분위기가 고스란히 중고등부에 반영되는 경우가 많기 때문이다. 분란이 있는 교회는 반드시 청소년들의 분위기도 어수선하다. 아빠 엄마가 서로 대립하는 상황에서 그 자녀들이 화목하기는 힘들다.

이처럼 같은 청소년들이지만, 각기 처한 상황에 따라 고려되어야 할 특성이 있다. 구체적인 프로그램을 기획할 때는 이런 부분들도 잘 고려되어야 한다.

담당자의 능력을 냉정히 고려하라

프로그램 적용에 실패하는 또 한 가지 중요한 원인은 그것을 시행하는 사람에 대한 고려가 없었기 때문이다.

똑같은 내용도 누가 전달하느냐에 따라 천차만별의 반응이 나타난다. 어떤 사람은 정말 재미있는 내용을 가지고도 사람들을 다 잠들게 한다. 그런데 어떤 사람은 정말 별 볼일 없는 내용을 가지고도 사람들을 웃긴다. 프로그램도 마찬가지다. 어떤 사람이 진행하느냐에 따라 그 결과는 판이하게 달라진다.

사역자들이 이 점을 쉽게 간과한다. 그래서 그 사람이었기에 성공할 수 있었던 프로그램을 마치 무슨 비법인 양 생각하고 적용한다. 실패는 불을 보듯 뻔하다. 탁월한 의사가 되고 싶은 욕심에 용한 의사의 청진기를 가져와서는 흐뭇해하고 있는 모양이다.

사역자가 좋은 시스템, 프로그램을 꾸려가기 위해서는 자신에 대한 정직한 평가가 있어야 한다. 단순히 능력의 우열만을 말하는 것이 아니다. 진행자의 강점, 단점, 은사, 상황, 그리고 역량. 이 모든 것이 고려되어야 한다는 말이다.

대그룹에 탁월한 강점과 은사를 가지고 있는 사역자가 소그룹에 목숨 걸 필요는 없다. 두 가지 방법이 있다. 과감히 포기하든지 아니면 다른 사람에게 전적으로 맡기는 것이다. 물론 후자의 방법이 좋다. 맡길 사람이 없는 경우에는 맡을 사람이 나타날 때까지 기다리거나 소질이 있는 사람에게 훈련의 기회를 주면 된다.

따라서 좋은 프로그램을 운영해 가려면 사람을 아는 것이 필수적이다. 물론 최우선 과제는 자신을 냉정히 평가하는 일이지만 함께 동역할 교사들과 학생들의 은사를 잘 알아내는 것도 매우 중요하다. 그래서 처음 부임한 교역자는 일에 욕심내지 말고, 사람에 욕심을 내야 한다.

절대 오해하지 말기 바란다. 여기서 사람 욕심이란 사람을 내 편으로 만들라는 것이 아니다. 탁월한 업무적 능력이 있는 사역자들의 상당수는 소위 자기 추종자, 자기 사람을 만드는 데 열심을 쏟곤 한다. 그러나 그것은 온전한 사역의 길이 아니다.

여기서 사람 욕심이란 능력 있는 사람은 있는 대로, 조금 부족한 사람은 또 부족한 대로, 내게 호의적인 사람은 그 사람대로, 내게 부정적인 사람은 또 그 사람대로 어떻게 가장 적절한 하모니를 이루어 낼 수 있을까 하는 문제에 욕심을 가지라는 말이다.

교역자가 처음 부임하면 의욕에 넘쳐서 상황은 눈에 잘 들어오지 않는다. 열정이 있는 교역자일수록 더욱 그렇다. 그럴 때는 꼭 한 템포

쉬어가야 한다. 첫 단추를 잠깐 늦게 끼우는 것은 잘못 끼웠을 때와 비교하면 별 문제가 아니다.

그래서 만일 자신이 교역자라면, 부임을 하고 난 뒤 최소한 3개월에서 6개월 정도는 전적으로 교사, 그리고 학생들과의 관계에 주력하는 것이 좋다. 사람을 알게 되면 적절한 사역을 배치할 수 있고, 인격적 관계가 형성되면 일에 있어서는 조금 실수가 있어도 서로를 넉넉하게 바라봐 줄 수 있다.

사람을 위한 사역을 하라

사역은 철저하게 사람 중심으로 가야 한다. "무슨 소리냐? 하나님 중심이어야지 왜 사람 중심으로 가냐!" 하고 말씀하는 이들은 내 말을 잘못 이해한 것이다.

사람 중심이란 사람의 욕구에 맞춘다는 말이 절대 아니다. 하나님 중심이 우리 삶의 전 영역에 대한 본질적 신앙 고백이라면, 사람 중심이란 그 구체적 삶의 적용, 곧 헌신의 내용이다.

요한복음 21장에서 주님이 베드로에게 "네가 나를 사랑하느냐" 하고 물어보시고 그 고백을 전제로 "내 양을 먹이라"고 명령하셨다. 주님을 사랑하는 신앙의 고백은 사역자에게 사람을 섬기는 결과로 나타나야 한다.

그래서 사역이란 철저히 사람의, 사람에 의한, 사람을 위한 것이 되어야 한다. 때로 사역자 가운데 사역의 효율성을 위해 사람이 희생되는 것을 겁내지 않는 사람들이 있다. 이는 결코 제대로 된 사역이 아니다. 사람을 위해 하는 사역인데 사람을 희생시키고 뭘 얻을 수 있겠는가? 그것은 주님을 사랑하기 때문에 양을 잡아먹겠다는 말이다. 사역자의 욕심 외에는 아무것도 아니다.

물론 죄의 문제라면 이야기가 다르겠지만, 효율의 문제로 사람을 실족시켜서는 안 된다. 그래서 사역은 전우의 시체를 넘고 넘어 앞으로 앞으로 가는 사역이 아니라 더디 가더라도 함께 가는 것이다.

사역자도 사람이다 보니 자기에게 호의적으로 다가오는 대상에게 호감을 갖기 마련이다. 사사건건 마음에 상처주고, 부담주는 대상이 싫어지는 것은 당연하다. 그래서 간혹 교사건 학생이건 잘 호응하고 따라오는 사람만 끼고 사역하면서, 자기에게 부담되는 사람들은 은근히 밀어내는 사역자들도 있다. 이렇게 하면 당장은 편할지 몰라도 결국은 부서도 망하고, 자기도 망하는 결과를 초래한다.

인간관계란 정말 희한해서 나를 반대하는 사람을 밀어내고 나면, 꼭 나를 찬성했던 사람 가운데 더 악질적으로 반대하는 사람이 생겨난다. 이것은 거의 예외 없는 법칙이다. 어느 정도 사역을 해본 사역자라면 공감하겠지만, 처음에 가장 호의적이었던 사람이 어느 날 가장 큰 상처를 주는 경우가 많다. 반대로 처음에는 껄끄러운 대상이었지만, 갈수록 더 든든한 힘이 되는 사람들도 많다. 아이들이나 어른들이나 다르지 않다.

그래서 목회의 대상이나 동역자에 대한 섣부른 판단 또는 인간적인 처세를 하는 것은 옳지 않을 뿐 아니라 사역을 바로 세우는 것에도 전혀 도움이 되지 않는다. 진실하고 성실한 자세로 원수라도 안고 가겠다는 결단이 필요하다.

선택해서 집중하라

프로그램 운용에 있어서 절대적으로 중요한 법칙은 '선택과 집중'이다. 그런데 막상 사역을 해보면 이게 참 어렵다. 첫째는 욕심 때문이고, 둘째는 불안감 때문이다.

사역을 하다보면 단기간에 급속히 성장하는 경우가 있다. 당연히 흔한 경우는 아니다. 대외 활동을 하면서 폭발적으로 성장했다는 몇몇 교회들을 접했다. 그런데 사실 대부분의 경우에는 숨겨진 이유들이 있었다.

예컨대 같은 기간 장년들이 폭발적 성장을 이루면서 자연적으로 유입되는 학생이 많아진 경우다. 또 장년 규모에 비해 워낙 적은 숫자가 모인 부서를 맡았을 때도 있다. 말하자면 워낙 바닥을 친 사역 현장을 맡아서 급속도로 회복하는 과정에서 폭발적 성장을 하지만, 내용을 들여다보면 장년 대비 학생 사역 규모는 평균 수준을 조금 웃도는 경우인 셈이다. 갑작스럽게 주변이 개발되면서 중고등학생들의 거주가 많아진 경우도 있다.

물론 이런 환경이 주어진다고 모든 교회의 중고등부가 잘되는 것은 아니다. 다 나름대로 주어진 환경에 충실하게 건강한 사역을 했기 때문에 주어진 값진 결실이라고 생각한다. 동역자들의 헌신 가운데 허락하신 좋은 열매를 모두 환경 탓으로 돌리거나 폄하하기 위해 하는 말이 아니다.

다만 급격한 성장이 모든 사역 현장에서 일어나는 흔한 경우일 수 없다는 것을 말하려는 것이다. 이 당연한 말을 사역자들은 자신에게 적용시키지 못하는 것 같다. 사역자들의 대부분은 일종의 부흥 컴플렉스를 가지고 있다. 이것은 숫자로 그 사역자의 모든 것을 평가하려는 한국 교회의 분위기와 무관하지 않은 것 같다.

남들은 했는데 난 왜 못하나? 왠지 자신이 초라해 보이고, 무기력해 보인다. 그러다보면 무리수를 두게 된다. 정직과 성실로 사역하는 것이 아니라, 자기 욕심으로 사역하게 된다. 이런 심리적 상황 속에서 열등감, 불안감도 찾아온다. 그러다 보면 남들 하는 건 다 좋아 보이고, 화려해 보이게 된다. 상황 환경 따지지 않고 이것저것 다 시도한다. 결국 그런 식의 프로그램 목회는 실패할 것이고 마음은 더 불안해진다. 불안해질수록 눈에 보이는 사역에 집착하게 되고 이것저것 다 하지만 실상은 아무것도 하지 못하는 악순환이 반복된다.

수적 성장이라는 것은 될 때가 있고 안 될 때가 있다. 어떤 때는 안 될 이유가 없는 것 같은데 이상하게 성장이 없다. 어떤 때는 그다지 잘 될 이유가 없는 것 같은데 성장한다. 그래서 꾸준하게, 진실하게 중심을 잡고 사역하는 것이 중요하다.

나는 네 곳의 사역 현장을 거쳤다. 결과적으로는 모두 수적 성장이 있었지만, 과정마저 모두 성장으로 일관한 것은 아니었다. 일 년을 열심히 했는데 오히려 숫자가 줄어들어 낙심하다가, 불과 4개월 사이에 두 배 이상 늘어난 경우도 있었다.

또 모두 동일한 비율의 수적 성장이 있었던 것도 아니다. 성장이 미미한 곳도 있었고, 2년 안에 두세 배의 성장을 이룬 곳도 있었다. 헌신의 차이도 아니었고, 방법의 차이도 아니었다. 단지 결과의 차이였을 뿐이다. 이런 과정을 몇 번 겪다보니 성장은 하나님께 달려 있다는 고백을 할 수밖에 없었다.

  수적 성장이 아무것도 아니라고 말할 수 없다. 그러나 전부도 아니다. 더더욱 중요한 것은 그게 우리 마음대로 되는 것이 아니라는 사실이다. 하나님은 우리에게 성과를 요구하시는 것이 아니라, 충성을 요구하신다는 것을 명심해야 한다. 성령의 열매는 성과가 아니라 '충성'이다. 주님도 사역을 평가하실 때 "착하고 충성된 종아 네가 작은 일에 충성하였으매"(마 25:21) 하셨지, 남긴 달란트의 분량을 평가하지 않으셨다.

  그래서 사역자는 먼저 자신이 얼마나 정직하고 성실하게, 최선을 다하여 가장 올바르고 효과적인 방법을 택해 사역하려고 노력하고 있는지를 살피는 데 중심을 두어야 한다. 그리고 바른 목적에 맞게 끈기 있는 사역을 하는 것이 중요하다.

  욕심을 내어 이곳저곳에서 잘된다는 것들을 다 끌어들일 필요가 없다. 그것은 오히려 사역을 망치는 일이다. 축구 경기를 보면 1+1=0이 될 때가 있다. 공격수가 공격해 들어올 때 두 명의 수비수가 서로 달려들기를 망설이다가 둘 다 공격수를 놓치는 현상이다. 차라리 한 명의 수비수가 있었다면 미루지 않고 막았을 것이다. 프로그램도 마찬가지다. 프로그램은 결코 다다익선이 아니다.

  교회 상황과 환경, 대상, 인력 등을 고려해 적절한 사역을 선별해 꾸준히 해나가는 것이 중요하다. 이것저것 다하다가는 집중력을 상실해서 하나도 제대로 하지 못하는 일이 발생할지 모른다. 선택하여 집중하라! 단순하지만 절대로 잊지 말아야 할 사역의 원리다.

잘 하는 것보다 적절한 때에 하는 것이 중요할 수 있다

사역에 대해 완벽주의적인 성향을 지닌 사역자들이 있다. 완벽주의적인 사역자도 두 부류가 있다. 한 부류는 몇 가지를 포기하더라도 하나를 완벽하게 일을 진행하는 사역자이고, 다른 부류는 완벽을 추구한 나머지 아무런 일도 못하는 경우다.

사역은 아무리 완벽한 기획과 준비를 해도 계획대로의 성과를 거두는 것이 아니다. 왜냐하면 사역이란 사람에 대한 일이고, 사람에 대한 일이란 우리가 예측 못할 수많은 변수들을 동반하는 것이기 때문이다.

그래서 사역자는 계획은 치밀하게 하더라도 마음은 넉넉하게 가질 필요가 있다. 계획한 것을 모두 다 실행해 내겠다고 아등바등할 필요도 없다. 상황에 따라 언제든지 변할 수 있고 버리거나 취할 수 있는 것이 계획이고 프로그램이다. 이 부분에 대해 적어도 두 가지 원칙을 염두에 둘 필요가 있다.

첫째, 프로그램은 잘 하는 것도 중요하지만 그보다 적절한 때에 하는 것이 더 중요하다. 미뤄서 더 완벽하게 해내는 것이 좋을 때가 있고, 준비가 미흡해도 그때에 꼭 해주어야 하는 일이 있다. 친구초청잔치 준비가 미흡하다고 애들 시험기간까지 미룰 수는 없는 노릇이다.

둘째, 사람들이 준비되어 있어야 한다. 아무도 그 프로그램의 중요성에 대한 인식이 없는 상태인데 프로그램이 계획되었다고 그것을 강행하면 실패는 불을 보듯 뻔하다. 또 사람들이 너무 지쳐 휴식이 필요한 상태에서 계획을 밀어 붙이는 것 또한 실패의 지름길이다. 반면 사람들의 의욕이 넘치는데 사역자가 계획에 없다고 넋 놓고 있어서는 안 된다.

프로그램은 교사나 학생, 교역자의 상황에 따라 계획했더라도 뺄 수 있고, 계획하지 않았더라도 할 수 있다. 이러한 프로그램의 특성을 상호 이해하고 있어야 한다. 그리고 서로 그런 점을 이해시키면서 일을 해 나가야 한다. 그래야 "왜 계획해 놓고 하지 않나? 게으른 것 아닌가!" "왜 계획에도 없는 일을 하나? 너무 준비성 없는 것 아닌가!" 하는 오해를 피할 수 있다.

물론 언제 가고, 언제 멈춰야 하는지 그 상황을 판단하는 일은 쉬운 일이 아니다. 그것이야말로 오랜 경험이 필요한 일이기도 하다. 이 점에 대해서는 균형 잡힌 시각을 유지하라는 것 외에는 더 할 말이 없을 듯하다. 너무 즉흥적이면 신뢰를 잃고, 너무 계획에 의존하면 기회를 잃는다.

chapter 6.
중고등부 조직 바로 세우기

조직에 사람을 맞추지 말고 사람에 조직을 맞춰라

"조직에 사람을 맞추지 말고, 사람에 조직을 맞추라." 이것은 잘 알려진 원리지만, 잘 알고 있는 것만큼 실천하기는 쉽지 않은 부분이다. 이를 실천하기 위해서는 무엇보다 먼저 틀에 박힌 형식적인 조직을 만들지 않아야 한다. 늘 조직은 사람과 함께 역동성을 갖도록 하는 것이 좋다.

사람에 조직을 맞추는 한 가지 예를 살펴보자. 내가 하고 싶은 말은 "이렇게 똑같이 하십시오"가 아니라는 것을 기억해주기 바란다. 사람에 조직을 맞추기 위해 어떻게 고민했는지를 보고, 각각의 교회 상황에 맞게 적용하는 것이 그 핵심이다. 이 점을 꼭 염두에 두기 바란다.

전통적인 중고등부 학생회 조직을 살펴보면 회장과 부회장이 있고, 총무, 서기, 회계 그리고 각 부서 부장들이 있다. 부장들은 예배부, 전도부, 교제부, 봉사부 등의 부서를 맡게 된다. 그런데 가만히 들여다보면 부장은 있는데 대부분의 경우 부원이 없다.

그냥 대충 고학년 중에서 교회 활동을 좀 하는 아이들을 짜 맞춰서 앉혀 놓는 것이다. 특별히 각 부서의 업무가 명확히 구분된 것도 아니다. 때로는 차장을 임명하기도 하고, 부원도 강제적으로 배정해보기도 하지만 의미 없기는 마찬가지다. 작은 교회에서는 조직을 유지하려고 인원에 절반 이상을 임원단에 넣기도 한다. 임원단 숫자가 많은 것 자체가 문제는 아니지만 그것이 단순히 조직을 유지하기 위해서라면 문제가 있다.

이렇게 조직을 해놓아도 일할 때는 그냥 임원단 전체가 우르르 모여서 한다. 그러다보니 아이들 사이에서도 알게 모르게 불평이 생겨난다. 말만 부장이지 딱히 거기에 맞게 하는 일이 없기 때문이다. 아이들이 뭘 그런 것까지 생각하나 하겠지만, 현장에서 아이들을 만나보면 은근히 그런 불만을 가진 경우가 많다.

"예배부장인데요, 딱히 뭐 예배에 관련된 일을 하지는 않아요. 부원도 없고, 그냥 할 일 있으면 임원들 다 모여서 하고요. 그냥 말만 예배부장이에요." 이것이야말로 전형적인 형식주의 행정을 보여주는 말이다. 이런 식의 조직은 일하는 사람도 구태의연하게 만들 뿐 아니라, 일을 하기도 전에 김을 빼 놓는다.

중고등부에 부임하고 나서, 이런 형식적인 조직이 운영되고 있을 경우 과감하게 다 없애 버렸다. 어차피 임원들이 한데 모여 일을 할 바에는 임원단의 리더 격인 회장, 부회장, 총무 정도만 정해 놓고 명목상의 부서들은 다 없애 버리는 것이다. 그리고 부장격인 아이들에게는 그냥 임원이라고 해 두었다.

그렇게 하니 재미있는 에피소드도 있었다. 한 집사님이 찾아오셔서 중고등부 아이들 때문에 한참 웃었다는 것이다. 사연인즉 몇몇 아이들이 모여서 무슨 일을 하고 있기에 집사님이 물어보셨다.

"중고등부에서 뭐 하는 구나, 너희들은 무슨 직책을 맞고 있니?"

그랬더니 한 아이가 대답했다. "임원이에요."

"아, 그래…. 무슨 임원인데?"

"그냥 임원인데요?"

"아니, 무슨 직책이 있는 거 아니니? 뭐 무슨 부장이라든지…."

"아니요. 우린 그냥 다 임원인데요?"

집사님은 그게 그렇게 우스우셨다고 한다. 그러나 아이들은 조금 다르다. 일단 무슨 부장 타이틀이 없어지고 나니, 모든 일 처리에 있어 수평적인 관계를 갖게 된다.

예를 들어 그 전 같으면 이런 식으로 일이 된다. 어떤 일을 해야 하는데 그 일이 전도에 관련된 일이라고 해보자. 일단 전도에 대한 일이니 전도부장에게 화살이 돌아간다. 실제로 부서도 운영되지 않고 전도부장이 뭘 선뜻 할 수도 없는 입장이다. 결국 임원단이 다 모여서 해야 되는데 일단 다른 임원들은 자신들이 일차적 책임을 지지 않는다는 면죄부가 생기기 때문에 적극적으로 참여하지 않는다. 그렇게 좀 지지부진하면 전도부장이 하는 일이 없다는 불평이 꼭 나오고 그 아이는 상처를 받는다.

그 와중에 전도 행사에 대해 아이디어나 열심이 생긴 아이가 있다 해도 일을 주도하지 못한다. 왜냐하면 이 아이는 교제부장이기 때문이다. 괜히 자기가 나서면 전도부장이 마음 상할 수 있기 때문이다. 서로 눈치보다 일을 못하는 것이다.

그런데 아예 '무슨 부장'이라는 것을 다 없애고 똑같이 임원이라고 하면 모든 일에 대해서 실제적인 열심이 있는 아이들이 주도할 수 있는 토양이 마련된다. 어떤 일에 나서서 하든 월권이 아니기 때문이다. 조직과 직함에 매여서 주도하지 못하는 아이가 지도자가 되고, 그 아이는 아이대로 쩔쩔 매면서, 다른 열정 있는 아이들은 그들대로 답답해하는 상황을 막을 수 있다.

모두가 함께 일차적인 책임자의 위치에 서기 때문에 누구에게 미루지도 않는다. 일이 생기면 떠넘기지 않고 모두가 함께 모여서 처리할 수 있는 팀워크의 토양이 마련된다. 무형의 조직이기에 헤쳐모이기도 쉽다. 어떤 일이 주어지면 그 일을 가장 잘 할 수 있는 학생을 임시 책임자로 삼았다가 끝나면 다시 원래 자리로 돌아오는 식으로 말이다.

이렇게 유지를 하다가 아이들이 늘어나고 실제적인 조직의 필요가 생겨날 때도 있다. 예를 들어 발표회를 계기로 워십에 관심이 있는 아이들이 늘어나서 실제적인 활동을 하거나 하고 싶어 하는 아이들이 생겼다고 해보자. 그러면 재빨리 임원단 중에 워십에 가장 소질 있고, 열심 있는 아이를 부장으로 세우고 할 수 있으면 지도 교사를 붙여서 워십팀을 만드는 것이다.

그러면 그 아이는 워십팀장임과 동시에 임원단의 일원이 되는 것이다. 이런 식으로 조직에 사람을 갖다 붙이는 게 아니라, 필요와 사람에 조직을 맞춘다. 그러면 분명한 역할과 일을 가진 실제적이고 역동적인 조직 체계가 형성되는 것이다.

좋은 조직을 위해서는 사람을 얻어야 한다

정반대의 경우도 있다. 열정과 능력을 갖춘 사람들은 넘쳐 나는데, 자리가 없는 경우다.

한 번은 임원의 역할을 감당할 만한 아이들을 꼽아보니, 열서너 명이었다. 문제는 아이들 전체 출석 인원이 스무 명을 조금 넘기는 정도였다는 것이다. 출석 인원에 절반을 임원으로 세워 놓으면 모양새가 이상하지 않겠는가? 결론은 "조직에 사람을 맞추지 말고, 사람에 조직을 맞추라"는 원칙대로 하자는 것이었다.

그래서 전부 다 임원으로 세웠다. 그랬더니 임원이 된 아이들이 임원수련회에서 이런 말을 하는 것이었다. "절반이 임원인 건 너무 심하지 않나요? 창피해서 임원이라는 말도 못하겠어요." 그래서 아이들에게 말했다. "너희들이 자격이 없었다면, 임원이 한 명도 없어도 그냥 갔을 거야. 그러나 자격을 갖췄기에 형식에 구애 받지 않고 사람만 보고 세운 거다." 그리고 한 마디 덧붙였다. "지금은 스무 명 조금 넘는 인원에서 열서너 명이니까 많아 보이지만, 아이들이 50~60명이 되고 나면 하나도 이상하지 않을 거 아니겠니?" 반쯤 농담으로 한 말이었지만, 그 말이 현실이 되는 데는 그리 오랜 시간이 걸리지 않았다. 아이들이 스스로 열심히 전도하고 심방하더니 불과 얼마 지나지 않아 60~70명의 아이들이 출석하게 된 것이다. 나도 깜짝 놀라고, 아이들도 깜짝 놀랐다.

일이나 조직을 만들어 놓고 딱히 열정도 은사도 없는 사람을 아무 자리에 배정하는 것과 마찬가지로, 열정과 은사가 있는 사람이 조직에 막혀서 일을 못 하게 되는 것 역시 일과 사람을 동시에 놓치게 되는 일이다. 조직 운영은 늘 이러한 면을 잘 고려해서 이루어져야 한다.

학생의 경우를 예로 설명을 했지만, 교사회도 이와 크게 다르지 않다. 오히려 교사회는 그 경직성이 더할 수도 있다.

어느 교역자가 부임하고 얼마 되지 않아 교사회에서 이런 문제로 벽에 부딪혔다. 열정인지, 혈기인지 교역자가 교사들에게 "이전 전도사님은 이런 문제에 밀리셨는지 몰라도 전 절대로 밀리지 않을 겁니다!"라고 말했다. 이런 식으로는 아무런 문제도 해결할 수 없다. 조직은 사람이고 사람의 마음 잃고는 어떤 조직도 의미가 없기 때문이다.

사역자들은 지혜롭게 문제를 풀어갈 필요가 있다. 조직이란 어떤 면에서 가장 건드리기가 힘든 부분이다. 사람이 얽혀 있기 때문이다. 의욕이 앞선 나머지 섣부르게 이 문제를 건드리면 괜한 감정의 골을 만들 수 있다. 좋은 조직을 이루려면 먼저 사람을 얻어야 한다는 사실을 잊지 말아야 한다. 조직은 사람의 보조 수단에 불과하다. 좋은 사람들이 있을 때, 좋은 조직이 의미가 있는 것이다. 늘 사람을 먼저 생각하기 바란다.

때로 어떤 분들은 사람에 좌우되지 않는 치밀한 교육 시스템과 조직을 만들어야 한다고 외치기도 한다. 현장에서 오래된 선생님들 가운데는 너무 자주 바뀌고, 바뀔 때마다 다른 시도를 하는 교역자에 지쳐서 이렇게 주장하는 분들도 있다.

마음은 이해가 되지만, 그런 일은 불가능하다고 생각한다. 물론 잘 짜여진 교육 시스템은 사람의 영향을 조금 덜 받게 할 수는 있을 것이다. 그러나 그것도 결국은 사람에 의해 좌우되고 만다.

아무리 탁월한 시스템이 짜여진다 해도 그것을 시행해야 할 사람의 역량이 따르지 않으면 결국 무너지고 만다. 결국 시스템이란 사람 없이는 존재할 수 없는 것이다. 시스템에 의해 사람이 움직여진다는 것은 환상이다. 설사 당장 그렇게 보이는 치밀한 조직을 구성한다고 해도 당장은 짜임새 있는 것 같겠지만, 결국 그 경직성 때문에 망하고 말 것이다.

탁월한 조직과 시스템이란, 사람에 의해 좌우되지 않는 것이 그 목적이 아니다. 오히려 철저히 사람이 살아나도록, 사람이 자신의 역량과 은사를 충분히 발휘할 수 있도록 받쳐주는 시스템이 좋은 시스템이다. 역설적으로 그런 시스템이야말로 사람에 영향을 받지 않고 오래 갈 수 있음을 기억해야 한다.

교사의 선발과 역할

교사의 선발은 균형이 중요하다. 너무 까다로운 조건을 내세우면 현실적으로 현장에 필요한 인력 수급에 차질이 생긴다. 반면에 너무 느슨해서 기본적 자질이 검증되지 않은 교사가 임명되어서도 안 된다.

나는 대체적으로 102~103쪽에 나와 있는 자격 조건과 절차를 통해 임명하고, 역할을 부여했다. 102~103쪽에 있는 내용은 중고등부서와 함께 교육 전체를 총괄해서 사역하던 한 교회에서 정리한 내용이다.

교사의 임명과 역할만큼이나 교역자, 부장 교사, 일반 교사 사이의 역할과 책임 분담도 매우 중요한 부분이다. 새로 교역자가 부임하는 경우 이런 문제에서 매우 애매한 상황이 많이 발생한다. 나는 아래 표와 같은 기준을 원칙으로 삼았다.

분명히 알아야 할 것은 이런 역할 분담은 원활한 사역을 위한 보조적 장치라는 것이다. 서로간의 권력을 배분하기 위한 어떤 법적 수단이 아니다. 교회가 이런 규정에 매인 제도적 조직이 되어버리면 그 생명력이 상실되고 만다.

교역자와 교사간의 깊은 신뢰를 쌓고 신뢰를 기본으로 상호 존중의 의사소통을 해나가면 그 가운데 하나님이 인도하시고, 역사하심을 믿어야 한다.

직분	주요 담당 업무		업무 진행		
부장	업무 총괄	교사 관리	부서 업무 상시 조율	주요 결정 사항 사전 협의	주요 결정 사항 토의 및 건의
		행정			
		재무			
총무	실무 담당	교사 관리			
		행정			
		재무			
담당교역자	실무 담당	예배			
		학생 관리			
		프로그램			
학년 주임	실무 담당	각 학년 교사 관리			
담임 교사	실무 담당	각 반 학생 관리			
비 담임 교사	실무 지원	담임 교사 지원			
준교사	실무 지원	실무 담당자 지원			

학생 리더들의 선발과 역할

청소년 사역의 특성상, 학생 리더를 선발하는 일은 교사를 임명하는 것만큼이나 중요한 일이다.

학생 리더의 구성에는 분명한 교역자의 교육 방향이 반영되어야 한다. 그냥 무조건 학생들의 손에 맡겨 두어서는 안 된다.

학생 리더 선발에 있어서 내가 가장 우선하는 부분은 자발성이다. 하기 싫다는 아이를 억지로 시키거나 구색 맞춰놓으려고 의욕도 없는 아이를 임원단에 포진시켜 놓으면 그건 시작부터 망치는 일이다.

학생 리더를 뽑는 과정은 이렇게 진행한다. 먼저 일정한 제한 조건을 둔다. 나는 임원단의 제한 조건을 높게 잡지 않는다. 6개월 이상 교회에 출석하고 확고한 본인의 의지가 있는 학생들은 전부 임원으로 받아들인다.

주님이 과거를 묻지 않으시는 만큼, 과거를 묻지 않는다. 과거에 비록 활동이 소홀하고 성실하지 못했다고 해도, 누구든 앞으로 열심히 하겠다는 의지를 가지고 지원하면 무조건 임원으로 받아준다. 본인의 의지를 가장 중요하게 반영하는 것이다.

단, 일단 임원이 되고 나면 임원직을 유지하는 데 까다로운 조건이 붙는다. 먼저 일정 기간 내에 제자훈련과 같은 정해진 훈련을 받아야 한다. 임원 교육을 필수적으로 참석해야 하는 것은 물론이고, 각종 행사에 모두 참석해야 한다. 모두가 인정할 수 있는 객관적 사유 없이 무단으로 빠지면, 2회까지 경고하고 3회째부터는 임원직이 박탈된다. 주일 예배 결석도 마찬가지로 적용된다.

아이들에게 임원단 지원 광고를 할 때 지원 자격과 더불어 임원이 된 후의 의무에 대해서 분명하게 각인시킨다. 그리고 지원을 받는다.

이렇게 임원단을 지원하라고 하면 겁이 나서 지원하는 녀석들이 거의 없다. 처음부터 안 하면 몰라도 하다가 짤린다는데 누가 선뜻 지원하겠는가? 그럼에도 지원하는 몇몇 아이들이 있을 것이다. 그리고 그 외에 교역자가 임원으로 성장시키기에 적절하다고 여겨지는 아이에게 권유한다. 여기서 중요한 것은 강권해서는 안 된다는 것이다. 자발적으로 용기를 갖고 지원할 수 있도록 설득해야 한다. 그렇게 설득해도 끝까지 못하겠다는 아이는 아무리 역량이나 조건이 뛰어나도 포기해야 한다.

일단 이렇게 임원단이 출범하면, 시작부터 아이들의 마음가짐이 다르다. 그냥 얼떨결에 친구 추천으로 되거나, 선생님이 반 강제로 시킨 임원과는 완전히 구별된다. 그리고 그렇게 구성된 임원단 중에서 회장을 선출하는 것이다.

순서를 달리해서 회장, 부회장을 지원 출마자 중에 먼저 선출하는 것도 괜찮다. 물론 지원자를 선발하는 과정은 임원 선발과 유사하게 진행한다. 회장, 부회장을 선발해 놓은 후 지원을 받아서 다른 임원들을 구성하면 회장, 부회장과 함께 적당한 아이를 설득할 수 있다. 또 회장, 부회장과 좋은 팀워크를 이룰 아이들을 포섭할 수 있다는 장점이 있다.

이렇게 선발된 아이들은 학생을 대표해서 각종 활동을 주도할 뿐 아니라, 교사들을 도와 학생 전도와 심방 일선에서도 활발하게 활동하게 된다. 심지어 훈련을 통해 분반 운영의 일부를 담당하고, 공과를 진행할 수도 있다. 이와 관련한 내용은 '청소년 소그룹 운영' '청소년 전도와 정착'에서 계속 다루도록 하겠다.

교사의 자격 및 임명 절차

❶ 초신자의 경우 아래의 자격 조건을 모두 만족시킬 때 교사 임명 대상자가 된다.
  가. 정교사
   ㉠ 등록과 세례가 모두 3년차에 해당하는 성도
   ㉡ 기초양육반을 수료한 성도
   ㉢ 부서 지도 교역자와 부장의 추천이 있는 성도
  나. 준교사
   ㉠ 등록, 세례가 모두 만 6개월을 초과한 성도
   ㉡ 정교사 이전까지 기초양육반 이수를 서약한 성도
   ㉢ 부서 지도 교역자와 부장의 추천이 있는 성도

❷ 타 교회 직분자 및 교사 유경험자는 아래 자격 조건을 모두 만족시킬 때 교사 임명 대상자가 될 수 있다.
  가. 정교사
   ㉠ 세례, 입교가 3년차 이상인 성도
   ㉡ 본교회 등록한지 만 6개월을 초과한 성도
   ㉢ 부서 지도 교역자와 부장의 추천이 있는 성도
  나. 준교사
   ㉠ 본교회 등록, 세례, 입교가 모두 만 6개월을 초과한 성도
   ㉡ 정교사 이전까지 기초양육반 이수를 서약한 성도
   ㉢ 부서 지도 교역자와 부장의 추천이 있는 성도

❸ 임명대상자는 교육국 지도 목사를 통해 추천되어 교육국장의 승인 하에 당회에 그 명단을 제출한다.

❹ 아래에 해당하는 경우 교육국 지도 목사의 추천, 혹은 교육국장의 승인이 유보 혹은 반려될 수 있다.

㉠ 금고(징역3월 집행유예 1년) 이상의 형을 선고 받은 경력이 있는 성도
㉡ 아동 학대, 추행 등 피교육 대상자에 대한 사건 관련 경력이 단 1회라도 증명되는 성도
㉢ 교회를 통해 치리를 받은 경력이 있는 성도
㉣ 직업, 가정 상황, 신앙 등이 교사에 적합하지 못하다고 판단되는 성도
㉤ 교사에 부적합하다고 지도 목사와 교육국장의 일치된 견해를 가진 성도

❺ 위 항목과 관련해 승인이 유보, 반려된 경우 대상자의 추천 여부는 부서 지도 교역자, 부장, 교육국 지도 목사, 교육국장 4인이 모두 참석한 가운데 논의하여 결정하되, 일치된 의견이 도출되지 않을 시 당회에 건의하여 당회의 처분을 따른다.

교사의 종류

❶ 부장 : 부서를 총괄하는 직무를 가진 교사
❷ 총무 : 부장을 보필하여 부서의 실무를 책임지는 교사
❸ 정교사 : 분반, 성가대, 특별활동반 등을 맡아 직접적으로 아이들을 상시 지도하는 교사
❹ 준교사 : 직접적으로 아이들을 지도하지 않으나, 사무, 행정, 행사 등을 지원하는 교사
❺ 임시정교사 : 준교사 중 임시로 정교사직을 담당하는 교사

㉠ 준교사가 교육상의 이유나 정교사의 유고로 피치 못하게 아이들을 지도해야 하는 경우 지도교역자와 부장의 허락 하에 하되 그 기간은 연속해서 4주 이상을 초과하지 못하고 년 8주 이상을 초과하지 못한다.
㉡ 연중 정교사의 유고로 그 결원을 도저히 충원할 형편이 되지 않는 경우에 준교사 중에 적임자를 선발하여 부서 담당 교역자, 부장, 교육국 지도 목사, 교육국장의 결의로 임시 정교사의 자격을 부여할 수 있다. 임시 정교사의 시무 기한은 당해 연말까지로 한다.

chapter 7.
사역자들의 해묵은 고민, 공과공부

공과를 이대로 포기할 순 없다

 요즈음 목회 전 영역에서 소그룹에 대한 관심이 매우 높아졌다. 사실 열풍이라고 해도 크게 틀리지 않을 것 같다. 그런데 사실 소그룹 개념은 전통 교회에도 존재하던 것이었다. 새로운 것이 제시되었다기 보다, 원래 있던 것이 조금 체계적으로 정리되고 강조되었다고 해야 할 것이다. 새로운 시스템이나 프로그램들의 내용을 들여다보면 과거에 있던 내용을 재평가하고 수정 보완해서 제시한 경우가 대부분이다.

 그런 맥락에서 공과공부 시간의 가치가 다시 재고되어야 한다고 믿는다. 요즘 현장을 들여다보면 공과공부 시간이 마치 안 하자니 뭔가 찝찝하고, 하자니 거의 효과가 없어 보이는 천덕꾸러기로 전락해 버린 느낌이다.

 상황은 충분히 이해가 된다. 누구나 처음 교사가 되면 부푼 기대를 가지고 열심히 공과를 준비한다. 그리고는 '이렇게 열심히 기도하며 준비했으니 이제 주일날 가서 풀어 놓기만 하면 아이들이 뒤집어지고, 그 영혼이 말씀에 녹아지리라!' 하며 얼마나 힘찬 발걸음으로 예배실을 향하는지 모른다.

그런데 웬걸! 막상 공과공부가 시작되면 상황은 그렇게 녹록치가 않다. 일단 환경 자체가 어렵다. 대다수의 교회는 각 반별로 공과를 따로 진행할 수 있을 만큼의 소그룹 공간이 없다. 두서너 반이 한 장소에서 조금의 거리를 두고 진행할 수 있으면 그것도 양호한 편이다. 많은 경우 전체 반의 절반 이상이 예배실 안에서 공과를 진행한다.

그러다보니 이쪽에서 출석 부르고 저쪽에서 대답하고, 또 어딘가에서 생일축하 노래 부르고 난리도 이런 난리가 없다. 어떻게 겨우 추슬러서 공과공부를 시작하면 벌써 한 10분은 흘러버렸다. 시간이 많지 않기 때문에 선생님은 그때부터 열변을 토하기 시작한다. 말씀으로 영혼을 녹이기 위해서 말이다. 그런데 아이들이 선생님 마음 같은가! 시작하자마자 딴 짓을 한다. 공과책에 낙서하고, 핸드폰을 만지작거린다. 공과시간 내내 고개 들고 있는 아이들이 별로 없다.

그뿐 아니라 이 녀석들은 뭘 물어도 도통 대답이 없다. 당연히 먼저 질문하거나 하는 법도 없다. 아니, 딱 한 가지 변함없이 물어보는 질문은 있다. "선생님, 언제 끝나요?" 이거 외에 질문은 없다. 이제 선생님은 녹초가 된다. 어느덧 30분이 넘어가고, 도대체 30분이 넘어가도록 왜 안 끝내 주냐는 원망어린 눈초리들이 교사의 가슴을 멍들게 한다.

이런 일이 계속 반복되니 교사는 의욕이 떨어진다. 잘 준비하나, 그렇지 않으나 어차피 듣지 않을 것이라고 생각한다. 자연히 준비도 소홀해진다. 이런 식으로 공과공부 시간은 교사에게나 학생에게나 때우고 지나가는 시간으로 전락하고 마는 것이다.

　사정이 이렇다 보니, 어떤 교회는 예배가 끝나면 교역자의 인도로 전체 공과를 진행한 후 분반해서 교제만 나누는 식의 방법을 시도하기도 한다. 이것은 좋지 않은 대안이라고 생각한다.

　그 이유를 몇 가지 들어보면, 첫째로 설교와 공과공부의 구분이 모호해져 오히려 설교를 약화시키는 결과를 가져온다. 희소성은 곧 임팩트와 맞물려 있다. 클라이맥스에서 한 번 탁 터져주는 것과 시도 때도 없이 서너 번 터지는 것은 그 영향력이 완전히 다르다. 재미있는 개그도 비슷한 형식을 두세 번 반복하면 지겨워진다. 설교와 비슷한 형태를 한 다른 시간을 갖게 되면 당연히 설교의 영향력이 반감된다.

　둘째, 교사를 약화시킨다. 말씀을 직접 먹이면서 돌보는 교사와 돌보기만 하는 교사는 다르다. 교사 자신의 성숙이 다르고, 학생들과의 관계성이 달라진다. 말씀 양육에 제대로 헌신한 교사라야 영혼의 필요에 대해 몸부림칠 수 있다.

　셋째, 소그룹이 갖고 있는 강점인 교육의 기능을 퇴색시킨다. 소그룹은 교제하기만 좋은 것이 아니다. 교육하기에도 가장 좋은 형태다. 이러한 소그룹 교육을 희생시키고 더 나은 것을 기대할 수 없을 것이다.

　전통적 방법이고, 우리가 지금 잘 하지 못한다는 이유로 공과공부 시간의 가치를 너무 과소평가하고 있는 것은 아닌지 모르겠다. 소그룹 교육인 공과공부는 교회 교육이 가질 수 있는 최대의 강점이다. 이 시간을 살려야 교육이 산다. 살려야만 하고, 살릴 수 있다.

공과를 공과 시간에만 하지 마라

　공과를 살리기 위한 첫 번째 제안은 공과를 공과공부 시간에만 하려고 하지 말라는 것이다.
　한국 교회 청소년 사역자들에게 큰 반향을 불러 일으켰던 한 목사님의 책에 '뒹굴지 않으면 가르치지도 마라'는 카피가 있다. 이만큼 청소년 교육의 노하우를 짧고 명확하게 표현한 구절은 없다고 생각한다. "뒹굴지 않으면 가르칠 수가 없다." 이렇게 바꿔 표현해도 다르지 않을 것이다.
　청소년들은 좋은 말을 듣는 것이 아니라, 좋아하는 사람의 말을 듣는다. 우선은 내용의 문제가 아니라 관계의 문제다. 그래서 공과를 공과공부 시간에만 해서는 성공할 수가 없다. 평소에 함께 만나고 즐기는 시간을 통해 관계를 형성하고, 대화 가운데 자연스럽게 그들의 고민과 문제들을 구체적으로 체감해야만, 주일 공과공부 시간이 제대로 이루어진다. 제대로 놀면 분명히 공과공부 시간이 변한다.
　공과공부외의 시간에 평일이든 주일이든 무엇을 먹거나 놀이를 즐기는 등 함께 어울리는 시간을 가지라. 교회에서 그런 시간을 가져도 좋지만, 교사가 학교로 찾아가거나 자신의 집으로 초대하는 것도 아주 좋은 방법이다. 또 기회가 되면 야외로 나가는 것도 좋다.
　가끔 공과공부 시간 자체를 선생님의 집에서 가진다든지 야외로 나가서 야외수업을 하는 것과 같은 시도도 무척 좋은 방법이다. 경험 많은 교사들은 주중에 많은 시간을 내지 못하더라도 주일날 이런 시간들을 활용해서 좋은 결과를 얻어내기도 한다.

아이들과 어울리다보면 공과 준비 작업도 이루어지지만, 동시에 자연스러운 보충수업이 이루어지기도 한다. 편안한 관계가 형성되면 아이들이 그간 궁금했던 신앙의 문제들을 질문해 오는 때가 있다. 공과 공부 시간에는 아무리 질문하라고 해도 입을 다물던 아이가 놀다가 질문을 한다. 정말 이상한 일이 아닐 수 없다. 그런 때 가르쳐 준 것은 잘 잊어버리지도 않는다.

관계가 생기고 나면 아이는 나만큼은 저 선생님의 말을 들어주어야 한다는 거룩한 부담감을 갖게 된다. 그래서 친구가 졸거나 떠들면 나무라기까지 한다. 일 년이 지나도록 자기반 아이들 이름마저 헷갈리고서야 공과 시간이 살아나기를 바라는 것이 못된 심보다.

사실 청소년 사역은 잘 놀기만 해도 반은 성공한 것이다. 처음에는 이게 힘들었다. 아이들하고 놀면 뭔가 사역을 하지 않는 것 같고, 교역자답지 않은 것 같다는 생각이 어깨를 누르고 있었다. 사역자다워야 한다는 부담감 말이다. 바로 그 부담감을 내려놓으면서부터 사역의 열매들이 나타나기 시작했다.

노는 게 중요하다고 해서, 공과공부 시간에 놀면 안 된다. 공과공부 시간에 한번 놀기 시작하면 아이들은 또 놀 수 있다는 기대감을 가진다. 정말 어쩌다가 한번 정도는 청량감이 될 수 있지만, 횟수가 잦아지면 그 다음부터 정상적인 공과 수업을 갖기는 힘들어진다. 놀 수 있다는 기대감이 있는데, 공부하면 짜증나는 것이다. 공과 시간은 당연히 성경 공부를 한다는 분명한 인식을 갖도록 해야 한다. 꼭 교제를 가져야 하면 짧게라도 그러나 분명하고 명확하게 공과를 하고 난 이 후에 시간을 가져야 한다.

공과를 살리려면 수준별 양육을 하라

전통적인 공과 교재는 소위 '계단 공과'라고 불리는 단계별 양육 교재다. 이것은 학교에서 배우는 교과서의 방식과 동일하다. 학년별로 더 심화되고 난이도가 높은 학습을 해 나가는 방식이다.

이 교재의 장점은 연령과 신앙 연수에 필요하고 적절한 내용들을 단계적으로 차근차근 배워나갈 수 있다는 것이다.

그러나 문제는 대다수의 학생들이 이 내용을 따라가지 못한다는 점이다. 학교에서도 교과서의 모든 내용을 단계별로 다 따라잡는 학생은 소수다. 그러니 강제성이 없는 교회 교육은 그 문제가 더욱 심각하다. 게다가 교회는 학교와 달리 함께 입학해서 끝까지 졸업하는 것이 아니다. 중1이라도 성경 지식이나 신앙 수준이 높은 아이가 있고, 고3이라도 아무것도 모르는 초신자가 전도되어 올 수 있다. 말이 고3이지 초등부 수준의 기본 성경 지식도 없는 아이에게 계단식으로 난이도가 높아진 고3 교재를 가르치려면 이만저만 난감한 것이 아니다.

공과공부 시간은 아이들의 수준이 천차만별인 데다가 시간도 짧기 때문에 무조건 쉽게 가는 것이 좋다. 설교와 공과가 함께 가는 방식도 요즈음 현장에서 잘 채용되는 효율적인 방법이다.

책별 교재든 주제별 교재든 교역자가 자신의 설교에 맞게 직접 만든 교재든, 30분 내외로 끝낼 수 있고 간단명료하게 내용을 전달할 수 있는 교재가 좋다. 교역자가 교재를 설교에 맞출 때에는 설교 주제 자체가 교육 커리큘럼이 되기 때문에 교리, 경건생활, 사회생활 등의 영역을 골고루 반영하도록 연간 계획을 짜둘 필요가 있다.

그러면 수준이 높은 학생들은 어떻게 할까? 그런 아이들은 따로 소그룹을 만들어서 양육하면 된다. 제자훈련이라고 이름 붙이는 훈련을 따로 병행하는 방법이다. 여기서는 보다 심화된 내용을 다룰 수 있다. 시간도 보통 한 시간 30분에서 두 시간 정도를 잡았다.

이 양육반은 철저히 자발적인 지원을 받는데, 아이들의 수준도 수준이지만 담당자와 아이들의 관계가 지원율에 결정적인 영향을 미친다. 아이들은 학교 일정 특별히 시험기간이 있기 때문에 대략 6~9주 정도의 짧은 단위로 끊어서 가는 것이 좋다.

문제는 이런 형태의 양육에 적합한 교재가 없다는 것이다. 커리큘럼을 정하고 주제별로 괜찮은 몇 권의 교재를 섞어 진행하는 것도 괜찮다. 각 부분별로 괜찮은 교재를 참고로 직접 쓰는 것도 좋은 방법이다.

나는 직접 만들어서 사용하다가 그 내용을 정리해서 「믿음의 균형 잡기 1」(BIM/브리지임팩트사역원출판부)이라는 제목으로 출판했기 때문에 나중에는 그 책을 사용했다.

공과 지도를 위한 교육과 나눔의 장을 만들라

많은 교회들이 공과를 좀 더 잘 해보려는 열정으로 공과 준비를 위한 교사 모임을 갖는다. 대부분의 경우 교역자가 가르치고 교사는 배우는 식의 일방적인 소통이 되기 쉽다. 물론 내용적인 면에서는 교역자의 지도가 필요하다.

그러나 전달의 측면에서는 선생님들이 교역자보다 나은 부분이 있을 수 있다. 실제 공과를 담당하고, 현장을 더 잘 아는 사람은 교역자가 아니라 교사이기 때문이다. 가르치는 부분에 열정이 있는 교사들은 각기 그 교회의 상황에 적합한 여러 가지 노하우를 갖고 있는 경우도 있다. 이러한 경험을 서로 나눌 수 있는 장을 마련하는 것이 필요하다.

공과 수업을 알차게 진행하기 위해 두 가지 방법을 제안한다.

첫째, 교사들이 직접 나눠 보는 것이다. 교사들이 직접 공과를 나누다보면 생각하지 못한 여러 가지를 점검해 볼 수 있다. 예를 들어, 일반적으로 소그룹 수업에서 나눔을 원활하게 하기 위해서는 개방형 질문을 하라고 한다. 개방형 질문이란 '예' '아니오'로 대답하지 않고, 서술하도록 유도하는 질문을 말한다.

그런데 말이 쉽지, 실제로 아이들을 가르치다보면 적합한 질문을 찾아내는 것은 그렇게 쉬운 일이 아니다. 그러나 교사들이 모여 나누다보면 여러 적합한 방법을 모색할 수 있을 것이다. 혼자 고민하는 것보다는 좋은 아이디어가 나올 수 있다.

둘째, 교안을 만들어 보는 것이다. 보통 교사들은 답이 달려 있는 교사용 교재를 펴놓고 아이들에게 내용을 전달하는 데만 급급하다. 그렇게 하면 아무리 오래 가르쳐도 가르치는 기술이 늘지 않는다. 처음에는 자기만의 교안을 만들어 보는 작업을 해 볼 필요가 있다.

교안이란, 도입은 어떻게 할 것이며 질문은 어떤 식으로 하고 결론을 어떻게 도출해낼 것인가 하는 수업의 전 과정을 미리 구상하고 정리하는 것을 말한다. 이러한 작업을 몇 번만 해보면 수업을 진행하는 기술이 많이 발전할 수 있다.

한 번은 여름 수련회를 앞두고 교사 그룹을 만들어 교안을 작성해

오고, 그 교안을 가지고 가상의 수업을 진행하면서 서로 나누도록 지도한 적이 있다. 부담이 많지 않을까 걱정했는데, 선생님들이 너무 많은 것을 배우게 되었다고 기뻐하시는 것을 보았다.

매 주 이렇게 하기에는 현장의 상황이 여의치 않을 것이다. 그러나 일 년에 몇 번만이라도, 이런 시도를 해볼 필요가 있다.

이런 나눔의 장은 물론 직접 모이는 것이 가장 좋지만, 시간이 여의치 않을 경우에는 보조적인 수단을 찾을 수도 있다. 온라인 커뮤니티를 이용하는 것이다. 커뮤니티를 통해 교사들이 가르칠 내용을 서로 질문하고, 교안을 공유하는 것이다.

물론 현장 사역을 하다보면 어떤 방식을 취한다 해도 모든 교사들이 적극적으로 반응하는 것은 쉽지 않다. 교사들은 대부분 교회 중직자들이고 교사 외의 다른 사역에 걸쳐 있는 경우가 많기 때문이다. 그러나 설사 그렇다 하더라도 포기하지 않고 꾸준히 이런 교육의 장을 여는 것이 필요하다.

효과적인 성경공부 교재 만들기의 실제

좋은 청소년 사역 교재를 시중에서 구해서 공과를 진행할 수도 있지만, 만들어 쓸 수도 있다. 교재를 만들어 쓰면 사역자 자신이 원하는 바를 가장 잘 전달할 수 있을 것이다. 더불어 교재를 만드는 능력은 교육과 양육 과정을 잘 꾸려가기 위한 중요한 자산이 된다. 그런 면에서 훈련이라고 생각하고 시도해 보아도 좋을 것이다.

효과적인 공과를 진행할 수 있는 교재가 되려면, 일단 시간이 관건이다. 가급적 30분 안에 마칠 수 있는 교재여야 한다. 공과를 설교와 같은 내용으로 진행한다면, 설교를 통한 기본적인 내용 이해가 전제되기 때문에 30분도 결코 짧은 시간만은 아니다.

교재는 복잡할 필요가 전혀 없다.

첫째, 정확하게 본문의 내용을 제시해주어야 한다.

둘째, 적용은 뜬 구름 잡는 식이어서는 안 된다. 최대한 실제적이어야 한다.

나는 시간 절약을 위해 성경 본문을 아예 교재에 수록해 주기도 했다. 주중에 교재를 교사 인터넷 클럽에 올린다. 이때 교사용 교재도 함께 올려준다. 그리고 주일날은 주보와 함께 교재를 복사해서 나누어주면 된다. 이해를 돕기 위해 실제 제작된 교재 한 과를 실례로 들어 보겠다.

1과. 가져야 할 것, 갖지 말아야 할 것

:: 함께 나누는 이야기 ::

　민우는 오늘 청소 당번입니다. 열심히 교실을 청소하고 마지막으로 쓰레기통을 비우려고 하는데, 이게 왠일입니까? 쓰레기통 안에 3만 원이라는 큰 돈이 버려져 있는 것이 아닙니까?

　역시, 열심히 일을 하니 복이 오나 봅니다. 그날 저녁 민우는 친구들을 불렀습니다. 그리고 시원하게 한 턱 쐈습니다. 물론, 어디서 난 돈인지는 말하지 않고 말이죠.

　다음날 조금 늦게 학교에 등교한 민우는 교실에 들어서자마자 화가 난 담임 선생님을 맞닥뜨리게 됩니다. '아! 내가 늦어서 선생님께서 화가 많이 나셨구나. 이제 죽었다' 고 생각했지만 의외로 선생님은 빨리 자리로 가서 앉으라고 하십니다.

　자리에 앉은 민우는 짝 정진이에게 물어봅니다.

　"야! 무슨 일이야?"

　"음 … 어제, 교실에서 선우가 3만 원을 잃어버렸대. 분명히 책상 서랍에 넣어 놨다던데 …"

　뜨아! 이게 무슨 일입니까? 화가 난 선생님, 풀이 죽어 있는 선우, 분명 어제 쓰레기통의 그 3만 원일 텐데 … 말하자니 자칫 도둑으로 몰릴 수도 있고, 게다가 이미 3만 원을 다 써버렸는데 어떻게 해야 하나요?

　민우의 가슴이 쿵쾅 쿵쾅 뜁니다.

::생각해 봅시다::

1. 민우가 직면한 문제의 핵심은 어디에 있다고 생각합니까? (누구 때문에 왜, 이런 일이 벌어졌는지 등을 생각해봅시다.)

2. 내가 이런 상황에 처한다면 어떻게 할까요?

::오늘의 본문::

창세기 14:14-24

[14]아브람이 그 조카의 사로잡혔음을 듣고 집에서 길리고 연습한 자 삼백십팔 인을 거느리고 단까지 쫓아가서 [15]그 가신을 나누어 밤을 타서 그들을 쳐서 파하고 다메섹 좌편 호바까지 쫓아가서 [16]모든 빼앗겼던 재물과 자기 조카 롯과 그 재물과 또 부녀와 인민을 다 찾아왔더라 [17]아브람이 그돌라오멜과 그와 함께한 왕들을 파하고 돌아올 때에 소돔 왕이 사웨 골짜기 곧 왕곡에 나와 그를 영접하였고 [18]살렘 왕 멜기세덱이 떡과 포도주를 가지고 나왔으니 그는 지극히 높으신 하나님의 제사장이었더라 [19]그가 아브람에게 축복하여 가로되 천지의 주재시요 지극히 높으신 하나님이여 아브람에게 복을 주옵소서 [20]너희 대적을 네 손에 붙이신 지극히 높으신 하나님을 찬송할지로다 하매 아브람이 그 얻은 것에서 십분 일을 멜기세덱에게 주었더라 [21]소돔 왕이 아브람에게 이르되 사람은 내게 보내고 물품은 네가 취하라 [22]아브람이 소돔 왕에게 이르되 천지의 주재시요 지극히 높으신 하나님 여호와께 내가 손을 들어 맹세하노니 [23]네 말이 내가 아브람으로 치부케 하였다 할까 하여 네게 속한 것은 무론 한 실이나 신들메라도 내가 취하지 아니하리라 [24]오직 소년들의 먹은 것과 나와 동행한 아넬과 에스골과 마므레의 분깃을 제할지니 그들이 그 분깃을 취할 것이니라

:: 말씀 따라가기 ::

1. 전쟁에 승리한 아브람이 '지극히 높으신 하나님의 제사장' 멜기세덱을 만나 어떻게 합니까?(창 14:20)

2. 롯을 구하기 위해 전쟁에 뛰어든 아브람은 결과적으로 소돔과 고모라 전체를 구합니다. 그런 아브람에게 소돔 왕은 어떤 제안을 합니까?(창 14:21)

3. 아브람은 소돔왕의 제안에 대해서 어떻게 대답합니까?(창 14:22-24)

4. 아브람이 그런 답을 한 이유를 두 가지로 말해봅시다.

❶ 창 14장 23절

❷ 창 13장 13절

:: 삶에 적용하기 ::

1. 하나님께 드리는 데 있어 가장 인색해 지는 부분은 어떠한 것인지 점검해 봅시다.

   ① 시간
   ② 수고(노력)
   ③ 교회에 헌금
   ④ 어려운 이웃을 도움
   ⑤ 우선순위(하나님께서 모든 일에 먼저)
   ⑥ 정결함(순결함)
   ⑦ 기타

2. 취하지 말아야 할 것을 쉽게 취하는 일이 있는지 점검해 봅시다.

   ① 불로소득(노력하지 않고 댓가를 얻는 것)
   ② 우리 몸을 상하게 하는 음식
   ③ 중독(게임, 채팅, 쇼핑 등)
   ④ 정신을 상하게 하는 것들(음란물, 폭력물 등)
   ⑤ 영혼을 상하게 하는 것들(접신 놀이, 점, 미신 행위 등)
   ⑥ 남의 것을 빼앗거나 훔치는 것
   ⑦ 기타

청소년이 이끄는 소그룹을 시도하라

양육의 마지막 단계는 양육 받은 자 스스로 봉사자로 서는 것이다. 청소년 양육도 다르지 않다. 청소년 제자훈련의 최종 목표는 청소년 스스로가 양육의 대상이 아닌 양육자로 설 수 있도록 하는 것이다.

하나의 독립된 인격체가 된다는 것은 스스로 결정해서 행하며, 스스로 그에 대한 책임을 지는 자세를 갖추게 되었음을 의미한다. 그런데 가만히 보면 어디에서도 청소년들에게 자기가 결정하고, 자기가 책임지는 훈련을 하도록 해주지 않는 것 같다.

학교에 가도 대부분 수동적으로 지식을 받아들이는 일만 한다. 집에서도 아무것도 신경 쓰지 말고 공부만 하라고 한다. 교회에 와도 아직은 배울 때니까 얌전히 듣기만 하라고 말한다.

이런 환경이 청소년을 어린이로 만들고 있다. 청소년은 어린이가 아니다. 어른은 아닐지라도 스스로 생각하고 행동하고, 그 결과에 책임질 수 있는 부분이 있다. 어른들의 지도는 울타리가 되어야지, 그들을 끌고 가는 족쇄가 되어서는 안 된다.

▶학생 리더가 공과공부를 진행하고 있다.

청소년을 어린이로 만드는 이런 환경이 형성되기 시작하면서 언제부턴가 교회 안에 교회학교 교사로 섬기는 중고등학생들이 없어지기 시작했다. 20~30년 전만 해도 교회학교에서 교사로 봉사하는 중고등학생을 찾는 것은 그리 어려운 일이 아니었다. 내가 초등학교 6학년 때, 우리 반 담임 선생님이 고등학교 2학년 여학생이었는데 참 좋았던 분으로 기억에 남아 있다.

청소년들도 충분히 교사를 할 수 있다. 나는 중3 이상의 학생들은 본인이 원하고 어느 정도 자격이 된다고 생각하면 보조교사 형태로도 교사를 시켰다. 그 학생들에 대한 부서들의 평가가 얼마나 좋았는지 모른다. 어떤 면에서 성인 교사보다 더 섬세하게 아이들을 섬기고 챙겨 주곤 한다. 그리고 성경공부도 훨씬 단순 명료하게 전달할 수 있는 부분이 있다.

정말 중요한 것은 그 학생들에게 일어난 변화다. 어린이들을 가르치고 섬겨본 청소년들은 또래에 비해서 더 빠르게 신앙적으로 성숙하더라는 것이다. "진짜 해보니까 선생님들의 마음을 알겠어요. 어휴, 정말 말을 안 들어요! 나도 옛날에 그랬나 싶어요." 청소년들이 한 단계 성숙해 지고 있는 것이다.

이렇게 하다 보니, 어느 날인가 그런 생각이 들었다. '청소년들이 청소년들을 가르치는 것은 왜 안 될까?' 사실 안 될 이유는 없었다. 단지 무슨 고정 관념처럼 청소년들이 자기 친구들을 가르칠 수 있다는 가능성에 대해서는 전혀 생각해 보지 않았던 것이다.

그래서 고등부 아이들 가운데 6개월 이상 제자훈련을 받은 아이들이 반 선생님을 대신해 월 1회 공과를 지도하는 것을 시도해 보기로 했다. 그 반에는 공과공부를 인도하는 학생 말고도 제자훈련을 받았거나 받고 있는 아이들이 두세 명 가량이 있다. 나머지 제자훈련을 받은 학생들은 주도적으로 인도하는 학생을 돕는다.

공과를 인도하기 전에 인도하는 학생과 교사가 미리 만나서 공과의 내용을 나눈다. 그리고 공과 시간에 교사는 참관하고, 학생이 직접 학생들에게 공과를 지도하는 것이다.

그 결과 선생님들이 깜짝 놀랄 만한 일이 벌어졌다. 선생님들이 이구동성으로 하시는 말씀이 아이들이 이렇게 공과를 잘 인도할 줄 몰랐다는 것이다. 그 이야기를 듣고 나도 몇몇 반을 참관했다.

일단 학생이 학생을 인도하니까 자연스럽게 눈높이 교육이 이루어졌다. 친구들끼리 잡담하는 듯 경험을 나누고 말씀을 살펴가니까 분위기가 얼마나 화기애애했는지 모른다. 선생님들이 인도할 때는 딴청 피우던 학생들까지 몰라보게 집중하는 분위기가 만들어졌다.

물론 인도하는 학생의 역량에 따라 차이는 조금씩 있었지만, 반마다 제자훈련반 지원군들이 있기 때문에 평균적으로 적정 수준의 분위기를 유지할 수 있었다. 인도한 아이들의 성장은 두말 할 나위가 없다.

나중에는 어느 정도 적응이 되자 학생들의 공과공부 인도 횟수를 월 2회로 늘렸다. 사실 보다 더 많은 기회가 주어졌더라면 교사를 코치 개념으로 둔 학생 중심의 공과 모임으로까지 발전시켜 보려고 했지만, 내가 담당한 사역기간 안에는 완성하지 못한 숙제로 남았다. 이 책을 읽고 있는 동역자들이 보다 발전적인 방향으로 학생 중심의 소그룹 운영을 시도해 보고, 한국 교회에 모델로 제시해 주었으면 하는 바람이다.

친교, 봉사를 위한 학생 소그룹을 활성화하라

양육을 위한 소그룹 외에도 친교나 봉사를 위한 다양한 소그룹이 교회 안에 존재한다. 그런데 가만히 보면 대부분의 교회 안에 친교, 봉사 그룹들이 유명무실하게 운영되고 있다. 이름뿐인 부서를 만들어 놓고 구색 맞추기로 부장을 세우고 지도 교사를 세우기보다는 과감하게 되는 소그룹을 집중 육성할 필요가 있다.

활성화되는 친교, 봉사 그룹은 대체적으로 다음과 같은 특성을 갖고 시작된다.

첫째, 분명한 은사와 열정이 있는 리더가 있을 때이다. 교사든 학생이든 분명한 은사와 열정을 가지고 시도해 보려는 리더가 세워졌을 때, 그 특별활동 소그룹은 실패하지 않는다. 리더에게 전적으로 위임해주고 예산과 필요한 자원만 지원해주면 된다.

둘째, 자발적으로 생긴 그룹을 공식화하는 방법이다. 중고등부의 분위기가 좋아지기 시작하면 어떤 형태로든 아이들의 자발적인 모임이 생겨난다. 그 중에는 부서로 활성화할 만한 그룹들이 있다.

한 번은 수련회가 끝나고 워십댄스에 관심 있는 아이들이 자발적으로 토요일에 모여서 연습을 하기 시작했다. 이렇게 되면 그 중에 리더를 세워 공식적으로 임원으로 인정해주고, 예산만 지원해주면 된다. 축구 같은 운동모임도 이렇게 형성되기 쉽다. 완전한 형태는 꼭 아니더라도 어렴풋이 그룹이 형성되면 공식화시켜주는 게 좋다. 그럴 때 모임은 더욱 활성화되고 많은 학생들이 동참하게 된다. 아이들의 모임을 잘 파악에서 특별활동 소그룹으로 발전 가능성이 있는 그룹들을 적극적으로 후원해 주기 바란다.

셋째, 동일한 은사나 재능을 지닌 학생들이 여럿 발견되었을 때 시작할 수 있다. 아직 뚜렷한 리더나 그룹이 형성되어 있지 않더라도 동일한 은사나 재능을 지닌 학생들이 여럿 발견되면 교역자나 교사의 주도로 부서를 시작할 수 있다. 그런 아이들은 누군가 동기 부여만 해주고, 그룹을 응집력 있게 해주는 연결 고리 역할만 해주면 멋진 특별활동 소그룹으로 세워질 수 있다. 그렇게 해서 그룹이 형성되고 자체 안에서 리더를 세울 수 있을 때 교역자나 교사가 자연스럽게 리더십을 이양해주면 된다.

이처럼 교회 안의 특별활동 소그룹을 세움에 있어서 가장 중요한 것은 아이들을 파악하는 일이다. 교사나 아이들의 상태를 고려하지 않고, 이런 걸 하면 좋겠다고 생각해서 세우는 특별활동 소그룹은 오래 가지도 못할 뿐 아니라, 오히려 사역에 피로감을 더하고 발목을 잡는 짐이 되기 십상이다.

전도 중심의 소그룹을 구축하라

현장 사역자들에게 가장 관심이 많은 주제는 청소년들의 전도와 정착이다. 이 부분에 대해서는 나중에 상세히 다룰 테지만, 여기서 중요한 한 가지를 짚고 넘어가려고 한다.

많은 사역자들이 어떤 좋은 전도 프로그램이 있는지, 정착 프로그램이 있는지 자주 질문해 온다. 그런데 분명한 것은 전도나 정착은 특정한 프로그램을 통해 이루질 수 있는 것이 아니라는 사실이다. 일부 기관 혹은 교회들이 마치 자신들의 프로그램만 가져다 쓰면 전도나 정착의 모든 문제들이 한 번에 해결될 것처럼 광고하는 경우가 있다. 그러나 나는 이런 것들에 굉장히 기만적인 부분이 숨어 있다고 생각한다.

전도와 정착이라는 것은 사역의 총체적인 결과물이다. 목회자에 대한 신뢰, 예배와 설교에 대한 감격, 교회에 대한 감사와 자랑, 서로를 섬기고 배려해주는 성도간의 교제 등과 같은 교회의 본질적인 역할과 내용이 충족되지 않은 상태에서 전도 프로그램만 몇 개 돌린다고 전도가 되고 정착이 될 리 만무하다.

본질적인 교회의 역할이 제대로 수행되고 있는 건강한 교회는 유형적인 프로그램이 없어도 자발적인 전도와 정착이 이루어진다.

청소년 사역도 마찬가지다. 청소년들이 교회 오는 것이 즐겁고, 교역자를 자랑스러워하며, 친구들과 선생님들을 좋아하고, 영적인 필요가 채워지면 저절로 전도하고 정착하게 된다. 그러므로 전도와 정착을 특정한 프로그램으로 풀어보려는 시도는 어리석은 것이다. 프로그램이란 앞서 언급한 기본적인 내용들이 충족될 때, 그것을 보다 체계적이고 명료한 형태로 제시해주는 도구에 불과하다. 전도와 정착을 다룰 때는 바로 이런 부분을 전제로 해야 이야기를 해 나갈 수 있다.

이처럼 모든 사역의 영역이 전도와 정착에 맞물려 있지만, 청소년 전도와 정착에 있어 소그룹이 갖는 두드러진 위치가 있다. 관계에 민감한 청소년 시기의 특수성 때문이다. 청소년 전도와 정착은 관계가 그 중심에 있다. 전도가 되는 가장 큰 이유도 관계고, 정착을 하는 가장 큰 이유도 관계다. 그리고 그 관계의 중심에 소그룹이 있다.

청소년기의 특성 가운데 하나가 '또래집단'이라고 부르는 자발적 소그룹을 형성한다는 데 있다. 이 집단 안에서 어떻게 자리매김하느냐 하는 것은 청소년들에 있어 굉장히 중요한 문제이다. 이걸 두고 어른들은 소위 '끼리끼리 논다'고 말하곤 한다.

현장에서 이런 말을 많이 듣는다. "우리 교회 아이들은 너무 끼리끼리만 놀아요." 그런데 사실 그 교회 아이들만이 아니라, 모든 교회 아이들이 끼리끼리 논다. 그것은 나쁜 것이 아니라, 청소년기가 가지고 있는 특성이 원래 그렇다.

많은 사역자들이 또래집단 자체를 문제로 인식한 나머지, 그것을 와해시켜야 한다고 생각한다. 그래서 새 학기가 되어 반 편성 할 때 일부러 친한 아이들을 다 떨어뜨려 놓기도 한다. 이런 방법으로 또래집단이 없어질 리도 없지만, 또 없애야 할 이유도 없다. 왜냐하면 아이들의 전도와 정착은 주로 이 또래집단을 통해 이루어지기 때문이다.

예를 들어 학교에 다섯 명 정도로 이루어진 또래집단이 있다고 가정해 보자. 그 중에 두 명이 교회에 출석하고 있다. 그 둘을 한데 묶어주면 이 아이들은 어떻게 해서든 나머지 세 명을 교회에 데려오고 싶어 한다. 그리고 그렇게 출석한 아이들은 정착할 확률이 매우 높다. 청소년들은 친구 따라 교회를 가고, 친구가 있어야 교회에 남게 된다.

그래서 전도가 이루어지는 소그룹을 만들려면 오히려 아이들을 '끼리끼리' 묶어 줄 필요가 있다. 초등학교에서 등반하는 신입생들도 전임 교사들을 통해 아이들 관계를 잘 파악해서 끼리끼리 잘 묶어주면 출석률이 훨씬 높아진다.

단, 또래집단이 문제가 되는 경우는 이런 경우이다.

첫째, 또래집단끼리 충돌하게 되는 경우이다. 소위 편 가르기가 되는 것이다. 규모가 크지 않은 교회에서 몇 개의 편이 생겨버리면 분위기는 걷잡을 수 없이 나빠진다.

둘째, 또래집단이 자기들끼리의 응집력이 너무 강한 나머지 다른 아이들이 도무지 비집고 들어갈 틈이 없을 때이다. 이런 경우에는 또래집단이 오히려 전도와 정착에 가장 큰 방해물이 된다. 사실 현장에서 사역자들이 보는 부정적인 시각은 이러한 또래집단의 부정적 요인에 원인이 있다.

해결책은 또래집단을 없애는 것이 아니라, 또래집단의 역기능을 최소화하는 것이다. 끼리끼리 놀면서도 다른 집단에 대해 열려 있고 새로운 멤버가 들어왔을 때 기꺼이 함께할 수 있는, 말하자면 개방적인 또래집단이 되도록 돕는 것이다. 이런 일이 가능할까? 가능하다. 다만 인내가 조금 필요할 뿐이다.

"니들은 왜 항상 끼리끼리 노냐? 좀 같이 좀 놀아라." 이런 말 한마디로 모두 하나가 된다면 얼마나 좋겠는가? 그러나 그것은 기대하지 않는 것이 좋다. 아이들의 마음이 조금씩 열리도록 해야 한다.

구체적인 방법을 예로 들어보면 다섯 명이 있는 또래집단의 아이들에게 일고여덟 명 정도가 필요한 프로젝트를 맡기는 것이다. 발표회 형식의 행사가 이럴 때 도움이 된다. 그러면 아이들은 자연스럽게 더 필요한 인원들을 찾게 된다. 그리고 반 편성을 할 때, 아이들을 뿔뿔이 흩어지게 하지 말고, 몇 명 단위로 끊어서 서로 다른 또래집단을 섞는 방법도 있다.

리더 훈련이 제대로 이루어지면 이런 일이 자연스럽게 개선되기도

한다. 학생 리더 그룹에는 각 또래집단의 리더들이 함께하기 마련이다. 그래서 학생 리더 그룹의 멤버십이 강해지면 자연스럽게 각 집단들이 서로를 향해 개방적으로 변한다.

  무엇보다 수련회는 또래집단을 개방적으로 만드는 아주 좋은 기회가 된다. 수련회에서는 납득이 갈 만한 방법으로 또래 집단 아이들을 헤쳐 모여 시킬 수가 있다. 그리고 제대로 수련회가 이루어지면 전혀 관계가 없었던 아이들이 아주 친밀한 관계가 된다. 이 부분에 대해서는 이후 수련회를 다루면서 다시 언급하도록 하겠다.

chapter 8.
예배와 설교로 승부하라

청소년 예배, 문화코드에 목매지 마라

보통 청소년 예배 하면 역동성을 가장 먼저 떠올리게 된다. 그래서 요즈음 청소년 예배의 대체적인 형태는 찬양 예배를 표방하고 있다. 보통 20~30분 찬양하고 또 20~30분 설교, 그리고 나머지 순서에 10분 정도를 할애하는 형태이다. 이제는 이런 예배 형태가 청소년 사역자들에게 무슨 고정관념 같이 되어버린 듯하다. 이런 예배는 찬양이 차지하는 비중이 매우 크기 때문에, 많은 교회들이 찬양팀을 잘 꾸리려고 노력을 한다.

문제는 대부분 교회가 20~30분의 찬양시간을 능숙하게 이끌어갈 찬양리더를 구하기 쉽지 않다는 것이다. 또 어느 정도 규모가 되지 않으면 각 악기를 연주할 학생이나 교사를 섭외하는 것도 만만치 않다. 그럼에도 불구하고, 어떻게든 찬양팀을 꾸리려고 하는 것은 청소년 예배는 어른 예배와 뭔가 차별화되어야 한다는 생각 때문일 것이다.

그런데 이렇게 어렵게 찬양팀을 꾸리고, 힘들게 연습해서 찬양예배를 진행해도 정말 아이들이 역동적으로 찬양하는 예배 현장은 그리 많지가 않다. 수련회 때 날고 뛰는 교회라도 정작 주일 예배시간이 되면 그런 분위기가 나오지 않는다. 그러면 사역자들은 아이들의 열정이 식었거나, 뭔가 문제가 있다는 식으로 인식하게 된다. 그리고 자신의 사역에 대해 낙심한다.

나는 대형 청소년연합캠프를 열여섯 차례에 걸쳐 진행했었기 때문에 청소년 집회와 찬양에 대해서는 나름대로 일가견이 있다. 그러나 분명한 것은 주일 예배는 청소년 집회와는 다르다는 것이다.

일단은 분위기 자체가 다르다. 음향이나 악기, 연주자가 다르고 리더의 역량도 다르다. 무엇보다 주일 예배는 수많은 아이들이 모여 있는 연합집회나 집중적인 찬양과 기도가 가능한 수련회와 그 성격 자체가 다르다.

비유를 하자면, 대형집회나 수련회는 외식이다. "와! 피자다!" 하고 먹는 것이다. 그러나 주일 예배는 집에서 먹는 엄마의 밥이다. 매일 먹는 김치찌개, 된장찌개가 주 메뉴다. 수련회와 주일 예배는 각자의 역할이 다르다. 반응이 똑같을 수 없고, 똑같을 필요도 없다.

먼저 청소년 사역자들이 주일 예배가 청소년 연합 집회나 수련회와 같아야 한다는 생각을 버렸으면 한다. 자꾸 연합 집회나 수련회의 열광적인 분위기를 염두에 두고 그런 반응이 있어야 제대로 예배했다고 생각하는 것은 큰 오산이다.

어느 날 한 아이가 찾아와서 말했다. "요즈음 이 찬양 잘 안 부르던

데요. 좀 부르면 안 될까요?" 내가 그 아이의 질문에 놀란 것은 그 아이는 찬양 시간에 거의 반응을 보이지 않는 아이였기 때문이다. 그래서 "너 찬양 별로 안 따라 부르는 것 같던데…. 별로 안 좋아하는 거 아니었어?" 그런데 이 아이는 놀랍게도 찬양을 부르는 것이 너무 좋고 은혜가 된다는 것이었다. 그런데 왜 잘 안 따라 불렀느냐고 물었더니 이렇게 대답했다. "그냥, 쑥스러워서 조용히 할 때가 많아요."

 물론 소극적인 아이들이 있는 그대로의 감정을 적극적으로 표현하며 찬양할 수 있는 분위기를 만드는 것도 매우 중요한 일이다. 그러나 그렇지 않더라도 낙심할 일은 아니다. 찬양에 대한 기본적인 이해도 없고, 진정으로 하나님께 예배하는 마음 없이도 펄쩍 펄쩍 뛰는 아이들도 있다. 그저 친구들 앞에서 폼 잡으려고 찬양팀에 지원하는 아이들도 얼마든지 있다. 예배에 관한 한 보여지는 것만으로 예배의 모든 것을 판단해서는 안 된다.

 아이들이 열광한다고 해서 영적으로 자라고 있다거나, 하나님께로 오는 진정한 기쁨을 누리고 있는 것은 아니다. 반대로 잠잠하다고 해서 성장하지 않거나 예배에 감격이 없는 것도 아니다. 그러므로 할 수 있는 범위 안에서 경배와 찬양이든, 드라마든, 워십이든 아이들이 참여할 수 있는 예배를 꾸며 보되, 겉으로 드러나 보이는 것에 너무 목매지 말기 바란다. 그보다는 오히려 하나님께 드리는 예배의 본질을 아이들에게 가르치고 훈련하는 데 주력해야 한다.

 먼저 찬양을 하든, 드라마를 하든 예배 순서에 참여하는 아이들부터 신실하게 하나님 앞에 예배드리도록 훈련하라. 예배 인도자들부터 기본 자세가 안 되어 있는 경우가 너무도 많다. 심지어는 구원의 확신도 없는 인도자가 앞에 나와서 찬양을 인도하기도 한다. 이런 것은 반응을 떠나 예배의 기본도 갖추지 않은 일이다. 아울러 모든 아이들이 예배의 참 의미를 깨달을 수 있도록 교육해 나가라. 적어도 예배는 우리 쪽이 아니라, 받으시는 하나님 쪽에 초점을 맞출 필요가 있다.

한번은 담당하던 중등부 인원이 갑작스레 늘어나면서, 부서를 나누게 되었다. 중등 1,2학년과 3년을 따로 나누었다. 1,2학년은 다른 사역자를 세우고, 내가 3학년을 맡았다. 그런데 문제가 생겼다. 갑자기 부서가 둘로 나뉘자 찬양을 담당해줄 사람을 찾지 못하게 된 것이다.

그래서 어떻게 했을까? 그냥 찬양시간을 뺐다. 어른 예배처럼 찬송가 부르고 사도신경하고 그렇게 예배드렸다. 아이들이 싫어하고, 출석하지 않았을까? 천만의 말씀! "왜 찬양 안 해요?" 하고 질문하는 아이들은 있었지만, 그것 때문에 예배드리는 게 지겹다거나, 교회 오는 게 싫다는 아이들은 하나도 없었다. 할 수 있는데 안 할 이유는 없다. 그러나 상황이 안 돼서 못한다고 실망할 필요도 없다.

청소년 예배는 기존 예배와는 달라야 한다는 또 하나의 고정 관념에 자신을 묶어두지 않기를 바란다. 할 수 없는 걸 억지로 흉내내려고 하지 말고, 할 수 있는 모양대로 진실하게 하나님 앞에 나가는 예배를 드리기를 바란다.

결국 설교가 문제다

설교는 예배의 중심일 뿐 아니라, 목회 사역에서도 가장 중요한 자리를 차지하고 있다. 하나님께서 스스로를 말씀으로 계시하고 있다는 사실이 변하지 않는 한 설교의 자리도 변하지 않을 것이다.

설교의 중요성은 청소년 사역에 있어서도 전혀 다르지 않다. 청소년들은 문화에 민감하니까 프로그램을 잘 운용하는 것만으로도 충분하지 않을까 하는 것은 철저한 오산이다.

어느 목사님이 이런 말씀을 했다. "제자훈련으로 성장했다는 교회에 가 봤더니 목사님이 설교를 잘 하시더라. 셀그룹으로 성장했다는 교회에 가봤더니 목사님이 설교를 잘하시더라, 무슨 프로그램, 무슨 양육 시스템으로 성장했다는 교회마다 다 목사님이 설교를 잘 하시더라." 나는 이 말이 매우 정확하다고 생각한다. 목회자의 영향력은 설교와 정비례한다고 보는 것이 맞다.

결국 목회란 영혼을 먹이고 입히고 돌보는 것인데, 이를 위해 최우선적으로 해야 하는 일이 하나님의 말씀을 공급하는 일이기 때문이다. 말씀으로 먹이지 않는 데서야 아무리 좋은 옷을 입혀준다 한들 영혼이 죽어갈 것이라는 사실은 불을 보듯 분명하고 뻔하다.

청소년도 한 영혼인 이상 이런 점에서 성인과 전혀 다르지 않다. 실제로 좋은 청소년 사역 현장을 꾸려가고 있는 사역자들을 보면 모두 다 설교를 잘한다. '사역은 잘 하시는데 설교는 별로다.' 이런 분들은 아직 만나보지 못했다.

아이들이 설교에 대해 별로 신경 쓰지 않는다고 착각해서는 안 된다. 오히려 청소년기 아이들은 어른들보다 설교에 훨씬 더 민감하다. 간혹 어떤 현장 사역자들은 "요즈음 아이들은 멀티미디어 세대라 보고 느끼는 것은 익숙해도 앉아서 듣는 것에는 익숙하지 않은 것 같아요. 그래서 어떻게 해도 설교를 듣게 하기가 참 힘드네요. 항상 떠들고 딴 짓만 하구요." 대단히 죄송한 말씀이지만, 아이들이 설교에 집중하지 못하는 것은 그들이 듣는 것에 익숙하지 않은 멀티미디어 세대여서가 아니다. 설교를 잘 못해서 그렇다. 자신의 부족함을 엉뚱하게 애들 탓으로 돌리지 말기 바란다.

사실 이것은 어른들도 마찬가지다. 어른들은 설교가 안 들릴 때 그래도 점잖은 표정으로 설교자를 바라보며 딴 생각을 한다. 그와 다르게 아이들은 이내 딴 짓을 한다. 반응의 차이일 뿐이지 안 듣는 것은 똑같다. 그래서 '내 설교는 어른은 은혜를 받는데, 애들은 안 들어' 하는 교역자들은 거의 90퍼센트가 착각이라는 사실이다.

사실 중고등부에서 청소년들이 은혜를 경험하는 설교를 하면, 교사들에게 먼저 반응이 온다. 설교라는 것이 대상에 따라 내용의 전개 방식이나 전달 방식, 그리고 쓰는 언어가 조금 차이가 있을 뿐이지 전달하고자 하는 핵심 내용은 다르지 않다. 그러니 청소년 설교에 어른들도 반응하는 것이 당연하다.

설교가 살아나면 이런 반응이 온다

설교 말씀이 잘 전해지고, 은혜를 경험하면 현장에 구체적인 몇 가지 반응이 나타나기 시작한다.

　첫째, 아이들의 예배 태도가 바뀐다. 새로운 사역지에 부임하고 가장 많이 들었던 말 가운데 하나가 "아이들의 예배 태도가 바뀌었어요"라는 말이다. 예배시간의 절반 이상이 설교이기 때문에 "설교 시간에 태도가 바뀌었어요"라는 말과 다르지 않을 것이다. 실제로 설교 말씀이 잘 전해지면, 설교 시간뿐 아니라 다른 예배 순서도 살아난다.

　둘째, 교사들이 더 헌신한다. '교역자가 어떤 사람인가? 얼마만큼 헌신하고 있는가? 얼마만큼 아이들을 사랑하고 이해하는가?' 라는 질문에 대한 절반의 답은 설교를 통해 드러난다. 교사들은 교역자의 설교를 통해 은혜를 경험하고, 아이들의 반응을 느끼게 되면 더욱 헌신한다. 교역자가 괜히 고집부리고 우긴다고 선생님들이 움직이는 것이 아니다. 설교를 통해 소통이 되고 인정이 되면 저절로 교역자를 존중하게 되고, 사역에 대한 헌신도가 높아지는 것이다.

　셋째, 아이들이 설교에 대한 이야기를 하기 시작한다. 설교에 대한 이야기는 곧 말씀에 대한 관심을 말한다. 자주 교역자를 찾아와 어떤 말씀이 좋았다고 말해주기도 하고, 말씀을 적용하는 데 있어서의 어려움을 토로하기도 한다. 또 궁금한 점들을 질문하기 시작한다. 아이들이 영적으로 성장하고 있다는 증거다.

　넷째, 학부모님들이 든든한 후원자가 된다. 청소년들이 말씀에 은혜를 경험하면, 그 얘기를 꼭 부모님에게 한다. 그래서 가끔씩 학부모님들이 감사의 연락을 주시기도 하고, 어떤 때는 부서에 직접 찾아오셔서 설교를 들으시기도 한다. 이런 과정을 통해 학부모님들은 교역자와 교사, 나아가 교회교육을 신뢰하게 되고 든든한 후원자가 되어준다.

청소년 설교, 어떻게 할 것인가?

청소년 설교를 어떻게 할 것인가를 말할 때 가장 우선적으로 말할 부분은 '설교의 기본기'를 확실하게 다지라는 것이다. 아직 잘 모르는 청소년들이라고 주제 하나 정해 놓고 적당히 자극적인 농담과 예화를 대충 버무려서 설교를 해치우려고 하면 안 된다. 그런 설교는 결국 밑바닥이 드러나게 되어 있다. 무엇보다 그런 설교에 설교자의 진심이 배어 나올 리 만무하다.

설교의 기본기라 하면 "본문에 대한 충실한 연구, 착실한 주해 작업을 통하여 설교의 중심 명제를 잘 건져 내는 일, 그리고 건져 낸 명제를 중심으로 논리적이고 명료한 설교 구조를 만들어 내는 일, 그 설교를 청소년의 현재 상황에 적절하게 적용하고 풀어내서 그들이 이해할 수 있는 언어로 전달하는 일" 정도로 볼 수 있을 것인데 이 모든 것을 처음부터 착실하게 실행해야 한다.

청소년들은 적당히 문화적인 코드의 농담 몇 마디 던지고, 성적인 호기심을 자극하는 말이나 예화만 던져 놓아도 어떤 식으로든 반응한다. 청소년 설교자는 자신의 설교가 좋은 설교라고 착각하게 된다. 그래서 많은 경우에 청소년 설교는 조잡하다는 평가를 듣게 되는 것이다. 그런 설교는 결코 온전한 영적 양식을 공급할 수 없다.

'설교자는 설교의 기본기를 착실히 다진다'는 공통된 노력을 전제로, 청소년 설교이기에 꼭 기억해야 할 몇 가지 유의 사항이 있다.

첫째, 도구에 의존하지 않아야 한다.

청소년 설교자들 가운데 이상하게 미디어, 특별히 영상에 집착하는 이들이 많다. 한 번은 영상이 없으면 설교가 안 된다는 교역자도 만나 본 적이 있다. 요즈음 아이들이 영상 세대이기도 하고, 영상은 일단 보여주면 어떤 식으로든 반응을 보인다는 매력이 있다. 그래서 많은 청소년 설교자들이 영상에 집착하게 되는 것인지도 모르겠다.

물론 잘 사용된 미디어는 좋은 효과를 거두기도 한다. 오늘의 세대가 영상에 익숙한 세대인 것도 분명하다. 그러나 설교는 기본적으로 보여주는 것이 아니라, 들려주는 작업이다. 설교자가 영상에 너무 집착하면, 정작 설교의 메시지가 약해진다. 영상이 없어도 충분히 잘 전달될 수 있는 설교를 고민해야 한다. 이런 역량을 기르지 않으면 나중에는 영상이 없으면 아무것도 전달할 수 없는 설교자가 되고 만다.

원재료의 맛을 충분히 살릴 수 있는 능숙한 요리사에게 소스는 좋은 동반자가 된다. 그러나 요리사로서의 본래 기능에 충실하지 않은 채 소스에만 의존하면 결국 그 요리사도 망하고, 그 음식을 먹는 사람들도 피해를 본다.

영상 세대에도 라디오가 여전히 막강한 영향력을 가지고 있듯 들려주는 방식으로서의 설교 역시 변하지 않는 고유의 자리를 가지고 있다. '믿음은 들음에서'(롬 10:17) 나오는 것이다. 설교자로서 들려주는 능력을 끊임없이 훈련해 나가야 한다.

둘째, 실제적인 예화를 사용해야 한다.

링컨 얘기, 루즈벨트 얘기도 좋지만, 청소년에게 가장 좋은 것은 그들이 지금 실제로 접하고 있는 상황 속에서의 예화이다. 실제적인 예화를 사용한다는 것은 보다 구체적인 적용이 가능하다는 의미도 된다.

이렇게 하기 위해서는 설교자가 청소년과 많은 대화를 나누고, 함께 시간을 보내야 한다. 그 시간을 통해 그들의 실제적인 고민, 관심사, 문화 등을 알 수 있게 된다.

셋째, 복음에 대한 설교를 반복적으로 해야 한다.

청소년 사역이 건강해지면, 아이들의 순환이 많아진다. 새로 들락날락 하는 아이들이 많아지기 때문에 필연적으로 기본적인 복음 설교를 자주해야 한다. 물론 기존 아이들 가운데에도 오랫동안 교회에 나왔지만, 복음의 내용도 정확히 모르고, 구원의 확신도 없는 아이도 상당수 있다. 그 아이들이 한 번 듣고 내용을 이해했다고 해서 그 순간 인격적으로 예수님을 영접하고, 믿음을 갖게 되는 것이 아니다. 늘 들어도 자신과 상관없던 복음의 메시지가 어느 날 자신의 신앙고백으로 받아들여지는 날이 있다. 그래서 복음의 메시지는 계속해서 반복적으로 선포되어야 한다.

넷째, 유치하게 하지 말아야 한다.

상당수의 교역자들이 아이들의 눈높이를 맞추려고 애쓴 나머지 너무 낮은 수준으로 아이들에게 접근해 버리곤 한다. 심지어 어떤 교역자들은 반 구연동화를 하기도 한다. 특별히 중등부를 담당하는 경우에 더 그렇게 되는 경향이 있다.

청소년들은 유초등부식의 설교를 하는 것을 굉장히 싫어한다. 청소년 설교는 기본적으로 청장년 설교의 연장선에서 생각하는 것이 좋다. 장년 설교에서 구조를 조금 더 단순하게 가져가고, 용어를 약간 풀어서 예화와 적용을 청소년에 적절하게 사용하면 그게 청소년 설교다.

다섯째, 전달이나 전개가 빨라야 한다.

영향력 있는 청소년 사역자들의 설교를 들어보면, 말이 느린 사람이 드물다. 청년 사역도 마찬가지이다. 어른들은 정신없어 하는 빠른 템포의 음악을 청소년, 청년들은 부담 없이 듣고 따라 부른다. 정보의 처리 속도가 빠르기 때문이다.

청소년들이 설교를 지겹게 여기는 중요한 이유 가운데 하나가 설교자의 전달 템포가 너무 느리기 때문이다. 천성적으로 말이 느린 교역자도, 청소년 사역을 하는 동안은 최대한 빠른 템포로 전달하는 데 익숙해지기 위해 노력해야 한다.

여섯째, 들리게 해야 한다.

여기서 들린다는 것은 잘 전달하라는 말이 아니라, 진짜 목소리가 잘 들려야 한다는 것이다. 이건 정말 사소한 것 같지만, 사소하기 때문에 많이 간과되는 부분이고 사소한 내용인 데 비해 청소년 설교에 미치는 영향은 지대하다.

어른들은 소리가 좀 작거나 안 들려도 일단 들어보려고 노력은 한다. 그렇지만 청소년들은 안 들리면 안 듣는다. 또 어른들처럼 안 들으면 그냥 안 듣는 데서 끝나지 않고, 떠들기 시작한다. 그러면 더 안 들린다. 이렇게 되면 내용이 좋다 안 좋다는 둘째 문제다.

그래서 청소년 설교는 음향에 특히 신경 써야 한다. 여기서 들린다는 것은, 단지 알아들을 수는 있다든지, 잘 들으면 들린다든지 하는 수준이어선 안 된다. 표현을 하자면 안 들으려고 해도 소리가 귓속까지 쏙 들어 온다는 정도가 되어야 한다. 음향이 안 받쳐주면 목소리를 키워서라도 설교를 아이들의 귓속까지 집어넣어 주어야 한다.

보통 어느 정도 내용이 충실한 설교를 하는 설교자들은 전달만 좀 빠르게, 그리고 충분히 크게만 해주어도 아이들이 설교를 듣는 태도가 확 바뀌는 것을 볼 수 있다.

나는 설교를 하고 난 뒤 아이들에게 피드백을 자주 받는 편이다. 어른들은 어느 정도 접대용 멘트도 해 주신다. 설교가 별로였어도 "은혜 받았습니다" 그러신다. 그러나 아이들은 결코 그런 법이 없다. 어떤 때는 자신들의 느낌과 생각을 정말 처절할 정도로 솔직하게 그대로 말한다. 그래서 아이들에게 피드백을 받는 것은 청소년 설교자로서 많은 도움이 된다.

이런 피드백을 받을 때 설교 내용뿐 아니라, 음향 상태 같은 설교 외적인 부분까지 꼭 체크해 보기 바란다.

chapter 9. 아이들이 머물고 싶어하는 중고등부 만들기

신학기, 신입생을 어떻게 잡을 것인가?

 교회학교가 어느 정도 갖추어진 교회라면 매년 적지 않은 숫자의 신입생들이 올라온다. 일반적으로 부서의 한 학년 평균출석을 웃도는 숫자일 것이다. 그리고 시간이 흐를수록 숫자가 줄어드는 것을 경험한다. 이런 현상은 대부분의 교회가 겪는 일이다.
 '어떻게 이런 일을 막을 수 있을까?' 하는 질문은 사실 '어떻게 하면 중고등부 사역을 잘할 수 있을까?' 하는 질문과 다르지 않을 것이다. 중고등부의 전체적인 상황이나 분위기가 신입생들의 정착률을 결정한다는 말이다.
 적어도 신입생이 등반하는 과정 속에서 충분한 배려를 해주는 것이 신입생들의 누락을 막는 한 방편이 되는 것은 사실이다. 연말이 되어 등반 시기가 다가오면, 중고등부에서는 당연히 등반할 아이들에 대한 신상을 미리 파악해야 한다. 초등부나 중등부 등의 이전 부서에 자료를 요청해서 미리 받아 두는 것은 필수다.

받은 신상카드와 이전 부서 담임교사의 조언을 얻어서, 신입생들의 반편성을 미리 해놓는다. 그리고 교사도 정한다. 그러면 교사는 미리 이전 부서 담임교사를 만나 학생에 대해 이야기를 듣고, 학생 명단을 놓고 기도하며 준비할 수 있다.

아이들이 파악되고 나면 등반 2주 전에 그 부서를 한번 찾아간다. 이때에는 교역자와 신입생을 담당하는 교사, 그리고 학생회 임원들이 함께 간다. 그리고 정식으로 인사하는데, 학생회장이 하는 것이 가장 좋다. 어린이 부서와는 다른 이미지를 확실하게 심어줄 수 있기 때문이다.

그리고 아이들에게 간식을 나눠준다. 가급적이면 그 부서 전체에 나눠줄 수 있으면 더욱 좋다. 이런 과정을 통해 아이들은 이제 '중학생이 되는구나, 고등학생이 되는구나' 하는 마음의 준비를 할 수 있다. 그리고 새로운 부서에 대한 친근함을 느낀다.

이제 마지막 주가 되면 부서의 양해를 얻어 졸업예배를 마치자마자 신입생들을 부서 예배실로 인도한다. 약간의 간식과 음료수를 준비해놓고, 담임교사와 학생 임원들이 함께 참석해서 그들을 독려해 준다. 여기서 반편성과 함께 예배 시간을 알려주고 그밖에 중고등부에 대한 소개, 새로운 부서 생활에 대한 안내를 해 준다.

이렇게 두 주를 할애하는 것이 이상적이지만, 정 안 되면 한 주라도 사전 모임을 꼭 갖는다. 별로 어렵지 않은 이런 과정을 한 번 갖는 것만으로도 초반 누수를 상당부분 막을 수 있다. 현장을 들여다보면 신입생이 예배 장소가 어딘지, 예배실이 어딘지도 모르는 채 등반하는 경우도 있다. 이런 상황에서 제대로 된 정착을 기대하는 것이 무리일 것이다.

신입생들에 대해 정서적으로 고려해주어야 할 부분도 있다. 신입생들은 이전 부서에는 최고 선배였던 아이들이다. 초등학교 6학년이거나 중학교 3학년이었다는 말이다. 그런데 부서를 넘어오면 곧장 막내가 된다. 자기들이 주도하다가 이제 선배들에 가려 존재감마저 잃어버리게 된다. 신입생들에게는 이런 점을 충분히 배려해 대해 주어야 한다. 존재감을 충분히 느끼도록 해 주어야 한다. 이런 것은 한두 번의 행사로 가능한 일은 아니지만, 행사를 통해 상징적으로 보여줄 수는 있다.

한 번은 신입생들을 어떻게 환영을 할까 고심을 하다가 "중고등부에 오신 것을 환영합니다"라는 문구와 함께 아이들의 이름을 크게 뽑아서 교회 한쪽 벽에 붙여 놓았다. 글자 하나 크기가 A4 용지 한 장 크기였으니 꽤 크게 붙인 셈이다. 그렇게 한 달을 게시했다.

그리고 등반 당일 예배가 끝나고 신입생 환영회를 가졌다. 예배가 끝나자마자 예배실의 불이 꺼진다. 그리고 뒤에서 촛불을 켠 케이크가 들어온다. 케이크가 들어오는 동안 앞에서는 파워포인트로 만든 신입생 아이들의 이름과 환영 인사가 비춰진다.

케이크가 앞으로 오면서 신입생들을 앞으로 초대했다. 축복의 노래를 부르고 케이크의 불을 끔과 동시에 천정에 매달아 놓은 박이 터지면서 꽃가루와 함께 축복의 메시지가 내려왔다. 그리고 각자에게 선물을 주고 다함께 간식을 나누면서 신입생 환영회가 끝났다.

어찌 보면 대단치 않은 행사였지만, 이 녀석들에게는 꽤나 감동적이었던 모양이다. 거기에다 당시 열정적이던 선배들의 심방을 힘입어 여섯 명 남짓 올라왔던 아이들이 두어 달 사이에 스무 명 가까이 되었다.

중요한 것은 신입생들이 존재감을 느끼고, 편안하게 적응할 수 있도록 힘을 다해 돕는 것이다. 이를 위해 중1 교사는 어린이 부서 교사와 가장 유사한 성향의 교사를 배치하는 것도 좋은 방법이다.

장기결석자 관리만 신경 쓰다간 망한다

현장에서 가장 관심이 많으면서도 가장 어려워하는 부분이 청소년 전도인 것 같다. 어느 때부터인가 중고등부에 새신자가 없어지기 시작하면서 사역자들도 서서히 포기하는 것 같다. 그리고 내놓는 방법이 이것이다. "출석부에 이름만 있고, 안 나오는 애들이 많은데 일단 그 아이들부터 챙깁시다. 아이들 출석률만 좀 높아지고, 장기결석자들만 잘 관리해도 지금 인원의 두 배는 됩니다."

일리 있는 말 같지만, 이건 망하는 지름길이다. 교회를 한 번 나왔다가 안 나오는 아이들은 그만한 이유가 있다. 나왔다 안 나온 아이를 오게 하는 것보다 새로 전도하는 것이 훨씬 쉽다. 사역자들이 방법을 모르고, 익숙하지 않으니까 그래도 이름 적어 놓은 아이들을 어떻게 해 보려고 하는 것이다.

살아 있는 중고등부는 아이들이 들어오고 아이들이 빠지는 순환의 규모가 크고 빠르다. 마치 체로 처음 돌멩이들을 퍼 올렸을 때는 양이 많았는데 몇 번 털면 큰 돌멩이만 남고 다 내려가는 모양이다.

왕창 들어오고, 그 중에 일부가 남는다. 또 왕창 퍼 올리고 그 중에 일부가 남는다. 그렇게 퍼 올리다 보면 옛날에 퍼 올렸던 돌멩이들이 또 올라올 때도 있다. 그런데 옛날에는 작아서 빠져나갔지만, 이제는 커져서 남아 있는 경우도 있다.

무슨 얘기인가? 장기결석자 관리를 하지 말라는 것이 아니다. 그것 전에 전도가 우선이라는 말이다. 관리 중심으로 가는 중고등부는 반드시 인원이 줄어든다. 이사를 간다든지, 유학을 간다든지, 다른 교회 옮긴다든지 하는 자연감소 현상이라는 게 생기기 때문이다.

'그래, 무슨 말인지는 알겠는데 도대체 어떻게 전도를 해야 애들이 옵니까? 누군 하기 싫어 안 합니까? 해도 안 오니까 그렇죠. 세상에 재밌는 게 얼마나 많은 데 요즈음 애들이 교회 오려고 합니까?'

마음은 이해가 되지만, 요즈음 애들도 교회 잘 온다. 지금부터 구체적인 청소년 전도의 방법을 살펴보려고 한다.

청소년 전도만큼 재밌고 쉬운 것도 없다

막상 해보면 청소년 전도만큼 재밌고 쉬운 전도도 없다. 청소년들은 그냥 함께 즐겁게 놀고, 먹으면 전도가 되니 그렇다. 중고등부서가 완전히 제로에서 시작하지 않은 한 가장 쉽고 재밌는 전도가 청소년 전도다.

실제적인 청소년 전도는 거의 관계를 통해서 이루어진다. 아이들이 친구를 데리고 오는 것이다. 그래서 청소년 전도를 위해 먼저 해결해야 할 문제는 일단, 기존 아이들이 교회 오는 것이 즐거워져야 한다는 것이다. 자기도 오기 싫은 교회를 친구를 데려올 리 만무하다.

그 다음에 필요한 것이 바로 교사와 교역자의 끊임없는 접촉이다. 이 접촉이 기존 아이들에게는 교회를 행복한 곳으로, 믿지 않는 아이들에게는 교회를 가볼 만한 곳으로 만들어 준다.

청소년 전도가 주로 관계를 통해 이루어지기 때문에 청소년 사역은 심방이 곧 전도라는 의식을 가지고 임해야 한다. 실제로 학교, 학원 심방은 곧 전도다.

청소년 사역자들은 기본적으로 담당하는 아이들이 다니는 학교를 파악해야 한다. 더 나아가 담당하는 아이들이 많이 다니는 학원, 독서실, 도서관, PC방 등을 알고 있어야 한다. 일단 이런 곳을 열심히 드나드는 것만으로도 청소년 전도의 반은 끝난 것이다. 학교 심방과 전도는 이렇게 이루어진다. 의외로 많은 사역자들이 학생들의 학교를 방문하는 데 부담을 가지고 있다. 하지만 막상 해보면 전혀 부담을 가질 일이 아닌 것을 알 수 있다.

일단 방과 후에 만나는 것이 가장 일반적인 방법이다. 교회에 출석하는 학생과 방과 후에 만날 것을 약속한다. "선생님이 심방 갈게." 그런 부담스러운 말씀은 하지 않기를 바란다. 그냥 "학교 한번 놀러 갈게. 끝나고 보자. 맛있는 거 사줄게." 그렇게 말하고 약속을 잡는다. 그러면 십중팔구는 "친구도 같이 나와도 돼요?" 이렇게 물어본다. 혼자 다니는 청소년은 없다. 대답은 당연히 "OK!"다.

그리고 방과 후에 기다렸다가 담당하는 학생과 그 친구들을 만나기만 하면 되는 것이다. 여기서 문제는 많은 선생님이 이 절호의 기회를 놓치고 싶어 하지 않는다는 것이다. 뭔가 복음을 전해야 한다는 강박관념에 사로잡혀서 끊임없이 교회 이야기를 하려고 한다. 그러나 그렇게 하면 본인도 부담스러워서 아이들과의 만남을 지속적으로 할 수 없다. 게다가 아이들도 만나기를 꺼린다.

그냥 즐겁게 만나라. 바로 사영리를 꺼내고, 전도폭발을 할 필요가 없다. 청소년 전도는 하는 것이 아니라, 되어지는 것이다. 청소년들과 만남을 즐겨라. 그렇게 말하지 않아도 아이들은 교회 선생님한테 떡볶이 얻어먹으면 교회 나오란 소리 하겠구나 알고 있다. 아이들이 예상하는 뻔한 방향으로 가는 것만큼이나 재미없는 일이 없다.

괜한 고집인지 모르겠지만, 나는 아이들이 예측하는 방향으로 움직이는 것을 정말 싫어해서 절대로 복음 전도는커녕, 교회 나오라는 말도 안 한다.

이 녀석들은 목사를 만났으니 분명 교회 나오란 소리를 할 것 같은데 전혀 하질 않으니 이상해 한다. 그리고는 자기가 먼저 말한다. "목사님, 다음 주에 교회 갈게요." 그러면 같이 만난 녀석도 교회도 안 나오는 친구에게까지 돈 쓰게 해서 미안한지 "그래, 임마 담 주에 나랑 꼭 같이 가자" 그런다. 십중팔구 그렇다.

그러면 나는 이렇게 말한다. "누가 교회 나오라고 했냐? 부담 갖지 말고 그냥 떡볶이나 먹어 …. 그래도 심심하면 한번 놀러 와라." 그리고 맛있게 먹고 떠들다가 온다.

그렇게 하고 돌아오면 그 다음 주에 그 아이가 예배에 오느냐 하면 전혀 그렇지 않다. 그냥 말만 온다고 하지 진짜 오는 아이는 드물다.

그렇게 한 방에 다 올 것 같으면 진즉에 청소년 복음화율 100퍼센트를 달성했을 것이다. 과도한 기대를 하면 실망도 큰 법이다. 그러나 오든지 안 오든지 꾸준히 나가고 꾸준히 만나는 게 중요하다.

그렇게 청소년들을 만났을 때 중요한 것은 바로 이름을 물어보고 대화중에 바로 이름을 불러주어야 한다는 것이다. "이름이 뭐니?" "이민수인데요." "아 그래, 민수야. 고맙다. 우리 수영이하고 놀아줘서." 그러면 수영이가 그런다. "아! 뭐예요, 목사님. 내가 애하고 놀아주는 거예요." 이렇게 바로 바로 이름을 불러주며 대화하면 금방 친근해진다.

그리고 심방을 마치고 돌아오면 잊어버리기 전에 '대영중학교, 이민수, 수영이 친구, 눈 크고 미대입시 준비한다고 함' 이렇게 학교 이름과 함께 대화하던 중에 인상 깊었던 내용을 바로 적어 놓는다. 그리고 다음에 심방을 갈 때 그 학교에서 만났던 아이들 이름과 신상을 다시 살펴본다. 그리고 학교 앞에서 어떻게든 만나기만 하면 바로 이름을 불러준다.

"야! 민수야! 오늘은 수영이랑 같이 안 가나?" "아, 예 오늘 수영이는 당번인데요." "아, 그래…. 아이스크림 먹을래?" "아니요. 학원 늦었어요." "아, 그래! 그림 그리러 가는구나?" "예? 어떻게 아셨어요?" "네가 지난 번에 말해줬잖아." "아, 그랬나?" "그래, 하여튼 담에 수영이랑 같이 보자." "네, 안녕히 가세요." 이런 식이 되는 것이다.

재미있는 것은 이렇게 하다보면 교회는 안 나오는데 친한 아이들이 생긴다. 그 아이들이 나중에 교회에 나오면 새신자 소개에서 빼먹기도 한다. 너무 익숙해서 원래 교회 나오던 것으로 착각을 하는 것이다.

어쨌든 이렇게 지속적으로 아이들은 만나면 희한하게도 어느 날 하나 둘씩 만났던 아이들이 교회로 오기 시작한다. 바로 그 다음 주에 오지 않아도 실망하지 말라는 이유가 이것이다. 열 명 만나면 수개월 안에 절반 이상은 한 번이라도 교회 온다고 보면 맞을 것이다.

일단 교회 선생님이 친숙해지면, 교회에 대한 거부감이 없어진다. 그리고 적어도 담당 교역자나 선생님은 확실히 알고 있기 때문에 교회 가는 부담도 덜하다. 차후에 친구초청잔치에 대해서 설명하겠지만, 그런 행사에 오는 대부분의 아이들은 이렇게 학교나 학원에서 만난 아이이거나 그 친구들 그룹이다.

어떤 선생님이 내 얘기를 듣고 자신도 열심히 해야겠다는 생각을 하셨다. 그래서 아이들에게 "이번 주에 선생님이 학교 심방갈 테니까 만나자. 맛있는 거 사줄게" 하셨다. 그러면 아이들이 환호할 줄 아셨다. 그런데 아이가 이렇게 반응했다. "싫어요. 쪽 팔려요." 이 얘기를 듣고 얼마나 실망했는지 모른다고 말씀했다.

아이들이 이런 반응을 하는 것은 아직 관계가 형성이 되지 않아서이다. 평소에도 같이 식사도 하고, 전화, 문자메시지도 주고받는 관계가 형성이 되어야 아이들은 학교에 선생님이 오는 것을 부담스러워하지 않는다.

또 '심방'이라든가 '전도' 같은 부담스러운 단어들은 안 쓰는 게 좋다. "너희 학교에 심방하고 전도하러 갈 테니까 보자." 이런 얘기에 어떤 아이들이 흔쾌

▶아이들과 근사한 식사를 나누고 찰칵!

히 응하겠는가? 선생님도 심방이다, 전도다 생각하지 말고 그냥 아이들과 놀러 간다고 생각하는 것이 좋다.

  자, 이제 학교 심방이 좀 익숙해지면, 아이들 점심시간을 활용하는 방법도 있다. 점심시간에 햄버거 같은 것을 싸들고 가는 것이다. 한 때 모 패스트푸드점에 '런치 3천원 메뉴'가 생겨서 한참 햄버거를 사다 날랐던 기억이 있다. 식사대용을 준비하는 것이 부담스러우면 식사 후에 먹을 수 있는 간단한 간식을 싸가서 만나는 것도 좋다.

  점심시간에 방문할 때는 일단 그 학교에 다니는 아이들 가운데 교회에서 핵심 그룹에 속한 아이들 몇 명과 약속을 한다. 그리고는 예배 광고 시간에 "며칠 점심시간에 무슨 간식 가지고 방문하니까 학교 등나무 아래 모여라" 하고 광고를 한다.

  이렇게 학교를 방문하면 아이들이 싫어할 것 같지만, 의외로 그렇지 않다. 일단 급식 안 먹고 햄버거 먹으러 간다 하면 폼 나기 때문에 좋아한다. 친구들도 부러워한다. 진행하다 보면, 왜 우리 학교엔 안 오냐고 묻는 아이들이 분명히 생겨날 것이다.

  학교에 방문할 때는 반드시 정장을 입고 가는 것이 좋다. 보통 정장을 입고 학교에 당당히 들어가면 수위 아저씨들이 어디서 왔냐고 묻지도 않는다. 혹시 물어보더라도 당당하게 어느 교회 교사인데 몇 학년 몇 반에 누구누구 만나러 왔다고 말하면 굳이 못 들어가게 하지 않는다. 그러나 차림새에서 신뢰감이 떨어지면, 거절당할 수 있다. 만에 하나 거절당하더라도 학생하고 약속을 해서 그러니 약속 장소에 가서 학생을 교문까지만 불러 달라고 하면 된다. 비록 아이들은 못 만나도 간식을 기다리는 아이들을 실망시켜서는 안 된다. 그리고 수위 아저씨에게 음료수 하나 사다 드리면 다음엔 들어갈 수 있을지 모른다.

　아이들 시험기간이 되면, 아이들이 몰려 있는 독서실을 방문한다. 독서실 앞에서 학생을 불러내면 된다. 간식 사왔으니 친구 있으면 같이 나오라고 말한다. 시험공부중이기 때문에 많은 시간을 빼앗을 수는 없다. 간단한 음료수 정도의 간식을 준비해 가서 전해주고 이야기 좀 하다가 헤어진다. 비록 만나는 시간은 짧지만, 그 영향은 크다.

　이런 사소한 배려 속에서 아이들은 사역자의 사랑을 느끼고, 함께 있는 친구들도 교회와 교회 사역자에 대한 좋은 인상을 갖게 되는 것이다.

청소년 전도와 정착을 돕는 관계 쌓기 노하우

　기본적으로 학교와 학원에서 학생들을 만나서 심방하고 전도하는 방법은 이해하셨을 것으로 생각한다. 이제부터는 이런 방식의 관계 전도와 정착이 가능하도록 돕는 몇 가지 실제적인 노하우를 나눠보려고 한다. '이게 무슨 노하우냐?' 할 수 있으나 원래 노하우라는 것은 그리 대단한 것이 아니다. 설탕을 한 스푼 더 넣느냐 마느냐 하는 것도 음식 맛을 결정적으로 좌우하는 노하우일 수 있다. 사소하게 보지 말고 차근차근 살펴보기 바란다.

　첫째, 이름은 무조건 외워야 한다. 그 아이를 두 번째 봤을 때는 이름을 물어보지 않고 불러줄 수 있어야 한다.

　나는 부임을 하면 아이들의 이름을 반드시 외웠다. 청소년 사역을 제대로 하는 사역자치고, 자기 아이들 이름을 다 외우지 못하는 사역자가 없다. 처음 오는 아이들도 그날 무조건 바로 외운다.

요즈음은 핸드폰으로 사진을 찍을 수 있다. 당연히 사진 찍자고 하면 활짝 웃으며 얼굴을 들이미는 아이는 아무도 없다. 멀리서 살짝 찍고, 가서 이름을 물어본다. 사진에 이름을 저장해 놓고 외우는 것이다. 그러면 그 아이가 다시 나올 때 이름을 불러 줄 수 가 있다.

이름을 불러준다는 것은 바로 인격적인 관계가 시작되었음을 의미하는 것이다. 이름에는 그 사람의 인격이 담겨 있다. 그래서 이름을 잘못 부르면 기분이 나쁘다. 거리감이 느껴진다. 그러나 이름만 정확히 불러줘도 아주 친근한 느낌을 갖게 된다.

일단 아이의 이름을 알게 되면 일부러라도 계속 부르기 바란다. 자연스럽게 외워지고, 아이와도 친밀해 진다.

둘째, 비싼 걸 한 번 사주기보다 싼 걸 자주 먹으라.

사역자가 아이들을 만나야겠다 하고는 오랫동안 만나지 못하면 왠지 모를 죄책감이 생긴다. 그것을 만회하려고 여력이 되는 직장인 같으면 비싼 피자나 패밀리 레스토랑 음식을 사준다.

그러나 이것은 뭔가 잘못 생각한 것이다. 아이들과 식사를 하는 것은 먹는 데 초점이 있는 것이 아니라 사랑과 관심을 나누는 데 초점이 있다. 시간을 돈으로 때울 수는 없다. 간단한 음식을 나누더라도 자주 먹는 것이 훨씬 좋다. 간혹 아이들이 "에이~ 겨우 떡볶이에요?" 하지만, 그래도 사주면 없어서 못 먹는다. 비싼 음식을 사주는 것보다 집에 불러다가 라면을 같이 끓여 먹는 것이 기억에 훨씬 오래 남는다. 시간과 관심이 만남의 핵심이다.

셋째, 전화 한 통이라도 마음을 담아 해야 한다.

토요일 날 다급하게 전화해서 "지난 주에 왜 안 왔니? 이번 주엔 늦지 말고 오거라" 하는 모습으로는 아이들과 마음을 나눌 수 없다. 관리의 대상으로 아이들을 대하면서 대화하지 말고, 마음 대 마음으로, 사람 대 사람으로 대화를 나눠야 한다.

나는 사역하다가 어느 아이가 문득 생각나면 일단 전화기부터 들었다. 아무 이유가 없어도 그냥 전화하는 것이다. 우리도 친구한테 전화할 때 꼭 용건이 있어서 하는 것이 아니라 그냥 하지 않는가. 재미있는 것은 처음에는 꼭 아이들이 무슨 용건인지 묻는다. 그러면 이렇게 대답한다.

"그냥 너희 집 옆을 지나가다가 생각나서." "그냥 갑자기 생각이 났네." 아니면 "그냥 심심해서." 그러면 아이는 어이없어 한다. 내가 말한다. "왜 꼭 무슨 일이 있어야 전화 하나? 그냥 하는 거지. 뭐 하냐? TV 보냐?" "아니요. 공부하고 있어요." "아, 그래…. 대충하고 좀 쉬어라." "안 돼요. 시험이 얼마 안 남았어요." "야, 아직 두 주나 남았잖아. 미리 공부하면 다 까먹어. 오늘은 대충하고 다음 주에 열심히 해." 이런 식의 대화가 오고 간다.

이런 게 사람 대 사람의 대화 아닌가? 그런데 자꾸 우리는 아이들에게 전화하는 것을 무슨 골고다 언덕에 십자가 지는 사명인 것처럼 생각한다. 그런데 거기에 무슨 나눔이 있고, 교제가 있겠는가?

이렇게 몇 번 통화를 하고 나서 또 전화하면 이번에는 아이가 먼저 묻는다. "왜요? 목사님 또 심심하세요?" 그럼 내가 대답한다. "그래, 심심하다 좀 놀아줘라. 어디냐?" "독서실이요." "어디? 청림? 알았다,

갈게! 10분 뒤에 보자." 이렇게 자연스럽게 만나고 나누는 것이다.

넷째, 계획 없이 찾아가서 만나라.

우리가 아이들을 만날 때 언제나 심방 계획 세우고 약속 잡고 찾아갈 필요가 없다. 그냥 아무 때나, 짬나면, 생각나면 만나러 가면 된다. 무슨 작정하고 오랫동안 이야기 나눠야 심방이 아니다.

한번은 차를 운전하고 가다가 최근에 교회에 나온 중등부 학생이 생각났다. 그래서 바로 전화를 했다. "어, 난데 …. 이재욱 목사. 어디니?" "아, 목사님 안녕하세요. 지금 학원인데요. 쉬는 시간이라 나와서 어묵꼬치 사먹고 있어요." "아 그래, 그리로 갈게." "아니에요. 목사님 뵐 시간도 별로 없어요. 10분 있으면 들어가야 해요." "괜찮아, 5분이면 가니까 기다려."

그리고는 학원 앞으로 갔다. 가보니 친구랑 같이 어묵꼬치를 사먹고 있다. 두 아이에게 어묵 하나씩 더 사주고, 나도 하나 먹었다. 잠깐 얘기 나눌 짬도 없이 5분이 지나가 버렸다.

"목사님, 저 들어가야 되는데요." "어, 그래. 들어가. 얼굴 봤으니 됐지 뭐. 나 간다." 그렇게 그냥 헤어지고 돌아 왔는데 다음날 아이 엄마에게 전화가 왔다. 아이가 집에 돌아와서 흥분을 해서 목사님이 바쁜데 자기 얼굴 5분 보려고 학원 앞까지 오셨다고 자랑을 하더라는 것이다. 정말 기분이 '환상적이었다'고 표현했단다. 청소년 사역 정말 쉽지 않은가? 심심해서 놀러 가면 칭찬받는 것이다.

다섯째, 다양한 접촉의 장을 만들라.

만나고 전화하는 것만이 청소년들을 접촉할 수 있는 길은 아니다. 그 외에도 다양한 소통의 도구들이 있다. 요즈음에 대표적인 것이 휴대폰 문자다. 요새 아이들은 문자 세대라고 할 만큼 문자 메시지에 익숙하다. 문자 보내는 데에는 예배시간이건, 공과시간이건 가리지 않는다. 눈은 선생님을 보면서 손은 책상 아래서 문자를 보내는 손가락 신공(?)도 흔히 볼 수 있다.

그래서 청소년 교사라고 하면 문자에는 좀 익숙해 질 필요가 있다. 문자로 보냈는데, 문자로 답하지 않고 전화를 걸면 정말 센스 없는 교사가 되고 만다. 문자는 대화만큼 많은 내용을 나눌 수는 없지만, 말로는 할 수 없는 내용을 표현할 수 있는 면이 있다. 그래서 문자로 아이들과 소통할 수 있다는 것은 더 많은 나눔을 가능하게 한다.

메신저나 미니홈피, 클럽 같은 것도 유용하다. 메신저로는 채팅을 하는데, 대화로는 하지 않은 얘기들을 메신저로는 잘한다. 얼굴을 마주하지 않고, 글로 표현하기 때문이다. 그래서 메신저로 대화를 나누다 보면, 만나서는 할 수 없는 깊은 이야기들까지 나눌 수도 있다. 미니홈피를 통해서는 아이의 상태나 감정도 살필 수 있고, 친구들의 댓글을 보거나 남길 수도 있다. 요즈음 교회마다 만들어 놓은 인터넷 클럽(카페)도 좋은 소통의 장으로 활용할 수 있다.

청소년들과의 소통을 얘기하자면, 편지를 빼놓을 수 없다. 요즈음 아이들은 휴대폰이나 인터넷 등으로 소통하는 데 익숙하기 때문에 오히려 손으로 쓴 편지나 엽서를 받을 기회가 많지 않다. 그래도 사람의 마음을 느끼게 하는 데, 손으로 쓴 편지만한 것이 없다. 일단 편지나 엽서는 정성이 느껴지기 때문이다.

마지막으로, 아이들을 집으로 초대하라. 경험에 비추어 보건데, 아이들은 밖에서 사준 비싼 피자보다 집에서 함께 끓여 먹은 라면을 더 인상 깊게 기억한다. 그만큼 집에 초대된다는 것은 아이들에게 특별한 일이다. 나도 집을 방문했던 교회 학교 선생님들은 다 기억하고 있다.

한 번은 시험 기간을 두 주 앞두고 남자 아이들 몇몇을 불러다가 집에서 합숙을 한 적이 있다. 그때 '꼴찌 탈출'인가 하는 TV프로그램이 유명할 때였다. 우리는 꼴찌 탈출은 아니더라도 평균 10점 올리기를 목표로 하자고 정하고, 매일 함께 공부하고 먹고 잤다. 공부하기 전에는 꼭 성경을 한 장씩 읽고 기도를 했다.

결과는? 성적은 별로 오르지 않았다. 그런데 아이들의 믿음은 성큼 자랐다. 아이들과의 관계가 좋아진 것은 말할 필요도 없다. 그 아이들을 중심으로 중고등부 분위기가 확 살아났다. 지금도 아이들은, 아니 이제는 군 복무도 다 마친 청년들이지만, 만날 때마다 그 때 얘기를 하곤 한다.

새신자반 이렇게 운영하라

보통 많은 분들이 새신자반을 정착 프로그램의 일부로 생각하는 것 같다. 그러나 청소년 정착도 전도와 마찬가지로 어느 하나의 프로그램에 달려 있는 것이 아니다. 아이들의 정착은 그들이 남아 있을 만한 환경과 관계가 조성되느냐의 문제다. 이것은 사역의 총체적인 문제이다.

한번은 기존에 80~90명 정도 출석하는 부서를 맡아 사역하면서 일 년 동안 아이들을 약 140명 정도 전도했다. 그런데 실제로 남은 아이들은 30명 남짓이었다. 이것은 프로그램의 문제가 아니다. 중고등부서의 전반적인 역량이 그 이상을 감당하지 못해서 생긴 일이다. 교사와 학생 리더의 역량, 소그룹 운영 등 부서에 관련된 전반적인 부분이 개선되어야 정착률이 높아질 수 있을 것이다.

나는 오히려 청소년 새신자반의 역할은 양육의 영역으로 생각해야 한다는 입장이다. 나는 새신자반을 이렇게 운영했다.

일단, 아이가 오면 첫 주에 교역자와 면담을 한다. 이렇게 하는 이유는 교역자와 안면이 있어야 관리나 심방이 가능하기 때문이다.

교사의 경우, 보통 반별로 좌석을 배치해서 앉게 하기 때문에 이미 아이의 얼굴을 알고 있다. 또 전도한 아이도 바로 알기 때문에 그 아이를 통해 심방도 가능하다. 그러나 교역자는 첫 주에 만나지 않으면 아이에 대해 알 수가 없다. 더욱이 전도자 없이 스스로 오는 아이들은 각 반 교사가 담당할 수가 없다. 그래서 일단 교역자를 만나게 하는 것이다.

새신자반 선생님들은 입구에서부터 새신자가 누군지 알 수 있기 때문에 바로 파악을 한다. 전도자가 있으면 그 반에서 예배드리지만, 전도자가 없으면 새신자반 교사와 함께 지정석에서 예배를 드린다. 그리고 예배가 끝나면 교역자에게로 인도해 준다.

면담이 끝나면, 먼저 의향을 물어본다. 몇 주간의 새신자반 교육이 있는데, 이런저런 내용으로 이루어지고 마치게 되면 이런 혜택이 있다고 알려주는 것이다. 새신자반을 할 의향이 있다고 하면 그 다음 주부터 새신자반 교육에 들어간다.

만약 새신자반을 나중에 하겠다고 하면, 일단은 함께 온 친구 반에 배정한다. 혼자 온 아이들에게는 각 반의 아이들 구성과 선생님을 소개해주고, 자신이 배정받고 싶은 반에 편성해 준다.

그리고 몇 주 동안은 교역자, 새신자반 교사, 담임교사가 삼중으로 관리를 하는 것이다. 여기서 주의할 것은 삼중 관리한다고 돌아가면서 계속 전화하면 안 된다는 것이다. 짜증나서 교회에 안 나올 수도 있다. 서로 의논해서 한 주에 한두 번 정도 연락하고, 주일 날 왔을 때 어색하지 않도록 신경써 주어야 한다.

전도를 위한 행사는 이렇게 진행하라

사역 초기에 나도 전도행사를 청소년 축제 같은 형식으로 발표도 많이 준비하고, 여러 이벤트도 만들어서 기획했다. 그런데 이런 전도 행사는 기존의 아이들을 훈련하는 역할은 하지만 실제적인 전도의 장이 되지 못했다.

그래서 언제부터인가는 그냥 주일 예배를 친구초청예배로 드리기 시작했다. 친구초청예배는 평소의 예배와 거의 다르지 않다. 주일 예배 순서에다가 워십 댄스나 드라마 같은 몇 가지 특별 순서를 추가적으로 배치하는 정도다.

신경을 쓰는 부분은 간식이다. 예배가 끝나고 반별 모임 때 나눌 간식을 아주 풍성하게 준비한다.

사실 행사로 보면, 그다지 특이한 부분도 없다. 그러나 이전의 행사들과는 분명히 차별되는 부분이 있다.

이전의 전도행사들이 어떻게 해서든 아이들을 오게 하는 데 초점을 두었다면, 친구초청예배는 전도하는 아이들에게 보다 초점을 둔다. 무슨 이야기인가 하면 아이들이 정말 정성껏 자신의 친구를 전도하도록 독려하는 일에 집중하는 것이다.

일단 초청장을 1인당 딱 세 장씩만 준다. 부득이하게 더 필요한 학생들만 추가로 요청해서 정확히 필요한 장수를 맞춰서 받는다.

그리고 누차 광고한다. "여러분, 이 초청장은 여러분이 정말 꼭 초대해야 하는 사랑하는 친구들에게만 주는 초청장입니다. 그래서 딱 세 장만 줍니다. 물론, 나는 너무 친구가 많아서 도저히 세 장으로는 안 된다는 친구들은 몇 장은 더 줍니다. 그러나 막 주진 않습니다. 혹시 어떤 친구들은 '난 세 명씩이나 줄 친구가 없는데…' 하고 있습니까? 이번이 기회입니다. 친구를 세 명 사귀십시오."

초청장은 절대로 뿌리지 않는다. 아이들에게 이 말을 듣고 정성껏 전도지를 친구에게 전했는데, 그 친구가 교문 앞에 굴러다니는 전도지를 본다면 어떻게 되겠는가?

아울러 다른 교회에 출석하고 있는 친구는 절대로 데리고 오면 안 된다고 확실히 말해둔다. 아는 사역자들은 알겠지만, 이런 전도 행사에는 일종의 품앗이가 있다.

내가 임원인데 친구 하나 못 데리고 오면 창피하다 이런 생각을 한다. 그래서 다른 교회 다니는 친구에게 부탁한다. "이번 한 주 와주면, 다음에 너희 전도 잔치 때 내가 가줄게." 그래서 전도 잔치가 전도는 안 되고 교회연합 잔치가 되는 경우가 허다하다. 여러 차례 이 부분을 강조하면 당일 날 타 교회 학생이 오는 경우는 거의 없다.

그리고 가장 중요한 것은 몇 주간 시리즈로 전도에 관한 설교를 하는 것이다. 전도 설교에서 한 가지 주의할 점이 있다.

"여러분, 여러분의 친구들이 지금 지옥을 향해 가고 있습니다. 친구가 지옥가고 있는데, 여러분은 지금 밥이 넘어갑니까? 이번에 전도 못하는 학생은 친구를 지옥가게 하는 공범입니다!" 제발 이런 설교는 하지 않기를 바란다.

잘못된 말은 아니지만, 이렇게 하면 아이들이 부담되어서 당일 날 자기도 안 온다. 전도를 안 하는 것이 죄처럼 여겨지면 친구를 못 데리고 오는 학생은 창피해서 자기도 예배에 빠지는 것이다.

친구에 대한 사랑과 책임을 강조해야 한다. 그리고 전도라는 것이 전혀 부담스러운 것이 아니라 너무 쉬운 일이라는 점을 알려주는 것이다. 그냥 "와 보라!"고 전하라고 말한다. 과자 하나 사주고 초청장 주라고 말한다. 안 되면 의리로라도 한 번만 와달라고 부탁하라고 말한다. 청소년들이 가장 민감한 말이 바로 '의리'이다.

이처럼 전도의 마음을 강조하기 때문에 전도를 했다고 큰 상을 주는 법은 없다. 너무 큰 상품은 전도 자체보다 상품에 마음을 두게 만든다. 의도하지 않게 '미끼'가 되어버리는 것이다.

한번은 함께 사역하던 열심 있는 부장 선생님이 광고를 하셨다. "여러분 중에 열 명을 전도하는 사람에게 제가 최신 컴퓨터를 선물로 사주겠습니다." 아이들은 환호하고 난리가 났다. 그러나 내가 올라가서 다시 말했다.

"역시 우리 부장 선생님은 여러분을 사랑하시는 분입니다. 그렇지만 컴퓨터는 안 되겠습니다. 컴퓨터 같이 큰 상품이 걸리면 여러분이 전도할 때 친구의 영혼이 보이겠습니까? 아니면 컴퓨터가 보이겠습니까? 또 전도된 친구가 나중에 여러분이 컴퓨터 받는 걸 보면 '그럼 그렇지. 저 놈이 나 생각해서 전도할 리가 없지. 컴퓨터 보고 전도한 거구만' 하고 생각하지 않겠습니까? 그러니 컴퓨터는 없었던 일로 하겠습니다."

어떤 분들은 그렇게 해서라도 아이들이 와서 복음의 메시지를 듣고 구원 받으면 그깟 돈이 문제냐고 말씀하는 분이 있다. 그러나 하나님의 일은 결과만 좋아서 되는 것이 아니라, 과정도 선해야 한다. 과정에 대해서도 어떤 면이 가장 적절한지를 잘 판단할 필요가 있다.

어쨌든 이렇게 주일 예배를 친구초청예배로 바꾼 이래로 1년에 두 번 씩 5~6년을 진행했다. 그런데 참 재미있게도 새 친구의 비율이 전 평균 출석의 20~30퍼센트를 유지한다는 것이다. 그러니까 100명 출석하던 교회면 20~30명의 새 친구가 오는 것이다. 더 적은 경우도 더 많은 경우도 없이 거의 일정하게 그 비율을 유지한다. 왜 그런지는 잘 모르겠다. 중요한 것은 이 비율이 결코 적은 비율이 아니라는 것이다. 타 교회 학생이 거의 없는 순수 전도 인원이기 때문이다.

학원 사역은 이렇게 열어가라

간혹 어떤 청소년 사역자들은 학교와 교회학교를 일종의 경쟁 구도로 인식하는 경향을 보인다. 그러나 학교 교육과 교회 교육을 경쟁자보다는 동반자로 인식하는 것이 좋다. 교회 안에도 많은 학교 선생님들이 계신다. 교역자나 다른 동료 교사들이 학교 교육에 대해 쉽게 내

뱉는 한 마디가 그 분들에게는 아픔이 될 수 있다. 무엇보다 교회 학교가 학교와 교사를 존중해주면, 좋은 공생 관계를 만들어 갈 수도 있다.

교회가 학교의 특별활동(C.A.)에 기여하거나 학생들의 상담과 관리를 도와줄 수 있다. 또 학교는 신앙을 갖기 원하는 학생들이나, 도움이 필요한 학생들을 보내 줄 수도 있다.

실제로 전에 사역하던 교회에서 학교 특별활동을 위탁받아서 영상반을 운영해 준 적이 있다. 내게 운영 기획을 해 달라고 하기에, 학생들이 영상 촬영과 편집의 기초를 배우고 실제로 드라마를 만들어보는 수업을 기획하였다. 영상 전문 사역자에게 위탁해서 수업을 진행했는데 아주 좋은 반응이 있었다. 또 복음을 제시하고 기독교적 세계관을 교육할 수 있는 아주 좋은 장이 되었다.

보다 적극적인 청소년 사역의 장을 열기 원하는 사역자에게 학교는 아주 좋은 터전이 된다. 먼저 아이들을 통해서 학교에 신실한 크리스천 교사를 파악한 뒤에 그분들과 접촉하면 어떤 식으로 사역을 열어갈 것인지 방향을 잡을 수 있을 것이다.

몇 개의 교회가 함께 연합해서 이런 사역을 감당해 가는 것도 좋다. 실제로 이런 방식으로 전문적인 사역을 감당해가는 사역단체들도 있다. 각 지역별로 학원 선교와 관련된 활동을 하는 단체들을 찾아서 함께 사역에 동참할 수 있을 것이다.

chapter 10.
교사와 학부모, 동역의 관계 이루기

포기할 수 없는 교사 훈련

청소년과 어린이에게 교회의 역할과 위치는 매우 다르지만 그것이 교사가 덜 중요하다는 의미는 아니다. 청소년 사역에 있어서도 교사는 매우 중요하다. 교사가 교사로 바른 역할을 감당할 수 있도록 훈련하는 일이 절대적으로 필요하다.

그런데 현장 사역자들에게 교사 훈련은 언제나 딜레마로 남는 것 같다. 단기 코스의 교사 교육은 터무니없이 빈약해 보인다. 장기 코스의 교사 교육은 대부분의 현장에서 얼마가지 못해 유명무실해진다.

한 교역자가 장기적으로 사역을 하면서, 불굴의 의지를 가지고 장기 코스의 교사 교육을 추진해 간다면 그래도 가능성이 있다. 숫자에 연연하지 않고 소수의 교사들이라도 꾸준히 배출해 내면 시간이 지남에 따라 결국 상당수의 교사가 장기 교육을 받은 전문적 교사로 설 수 있을 것이다.

그러나 교역자나 교사의 순환이 잦은 대부분 교회의 상황 속에서는 장기 교사 교육은 현실성이 떨어진다. 굳이 원론적으로 장기 교사 훈련을 고집하기보다는 집중력 있는 단기 코스를 기획하는 것이 좋다.

교사 훈련 분야를 꼽아 보면 한도 끝도 없다. 신학교 커리큘럼을 그대로 옮겨놔도 다 채우지 못할 것이다. 일단, 그것들을 두 가지 분류로 압축해보자.

첫째, 기본 교리 교육이다. 교리라고 하니까 뭔가 신학적이고 딱딱한 이야기처럼 들린다. 그냥 기본 신앙 교육이라고 이해해도 되겠다. 교회에 (예컨대 제자훈련 같은) 장년 양육 프로그램이 있는 경우, 그 프로그램을 활용하면 된다. 일부러 따로 만드는 수고를 하지 않아도 된다.

둘째, 청소년 사역에 대한 이해다. 여기에는 대상에 대한 이해로부터 실질적인 사역과 가르치는 방법에 관한 부분까지 포함될 것이다. 이 책의 분류와 내용을 참고해서 적용하면 거의 맞을 것이다.

너무 복잡한 과정으로 교육을 하면, 하는 사람도 받는 사람도 지친다. 그보다는 쉽고 집중력 있는 교육 과정을 적용하는 것이 교육의 효과를 오래 지속할 수 있는 비결이다.

어쨌든 가장 중요한 것은 교사 훈련을 끝까지 포기하지 않는 것이다. 교사 훈련이 쉽지 않을 뿐 아니라, 다른 여러 사역들이 바쁜 나머지 교사 훈련이 등한시되는 현장을 많이 본다. 그러나 교사 훈련은 당장 성과가 없고 형편이 어려워도 결코 포기할 수 없는 사역이다. 교회학교 교육의 질적 향상은 교사의 질적 향상과 다르지 않기 때문이다.

여기서는 어디서도 잘 언급되지 않는, 그러나 너무도 중요한 노하우를 한 가지 더 언급하려 한다.

보통 교사 교육이라고 하면 교역자가 교육을 하고, 교사가 교육 대상이 된다. 이런 구도 하에서 가장 중요한 교사 교육은 교역자의 설교다. 교역자들은 이 사실을 절대로 잊으면 안 된다.

앞서 설교에 대해 나눈 것처럼 설교 가운데는 기본적인 신앙교육이 이루지는 부분이 있다. 특별히 청소년 설교는 기독교의 기본 진리를 반복적으로 다루어 주어야 하기 때문에 설교를 통해서 자연스럽게 교사들도 이 부분에 대한 정리가 된다.

더불어 청소년 설교에는 청소년들의 상황에 대한 이해와 적용이 포함된다. 교사들은 교역자의 설교를 통해서 '아, 아이들이 요즈음 이런 생각을 하는구나, 이런 것을 고민하는구나, 이런 게 필요하구나' 라는 것을 알게 된다. 교역자가 굳이 요즈음 청소년들은 어떻다 말하지 않아도 교역자의 설교를 통해서 아이들의 상황을 이해하게 되는 것이다.

또 교역자가 아이들의 상황에 말씀을 적용해내고, 그들이 먹기 쉽게 선포하는 과정을 살펴보면서 자연스럽게 교사들은 '아! 이렇게 가르치고 표현해야 아이들이 쉽게 이해하는 거구나', '아! 이렇게 적용해야 아이들이 쉽게 받아들이는구나' 하는 교육의 방법론도 몸으로 체득하게 되는 것이다. 꼭 다른 시간 들여서 가르칠 일이 아니다. 사역자가 설교를 통해 몸소 보여주는 것이다.

교역자가 먼저 열정적으로 설교하고, 사역에 헌신하면 얼마 지나지 않아 그 열정을 교사들도 함께 공유하게 된다. "열정을 가지십시오!" "노력하십시오!" 백 번 이야기하는 것보다, 교역자의 열정을 전염시키는 것이 훨씬 빠르다. '아! 우리 전도사님이 저렇게 아이들을 사랑하고, 이해하려 노력하고, 그들의 눈높이로 접근하려고 애쓰는구나', '아! 우리 목사님이 정말 아이들에게 말씀을 먹이려고 몸부림치는 모습이 눈물겹다' 하는 공감이 생기면 함께 일어나게 되는 것이다.

아이들 교육이 공과 시간에만 이루어지는 것이 아니듯, 교사 교육도 교사 세미나에서만 이루어지는 것이 아님을 명심하라.

교사 모임과 기도회

교사 교육은 단기 코스로 가더라도 정기적인 교사 모임은 매주 꾸준히 가질 필요가 있다. 보통 각 교회마다 교사들은 여러 부서에 중복으로 봉사하는 경우가 많기 때문에 교사 모임이 여의치 않을 수 있다. 그래도 최대한 모일 수 있는 시간을 정해서 모이는 인원대로라도 꾸준히 모여야 한다.

이런 모임이 별 것 아닌 것 같아도, 교역자와 교사가 하나 되어서 한 방향을 지향하고 뛸 수 있게 하는 중요한 통로가 된다.

▶정기적인 교사모임은 무엇보다 중요하다.

내가 생각할 때 가장 이상적인 것은 예배 전에 경건회로 잠깐 모이고, 공과 후 어느 시간을 지정해서 한 시간 이상 충분한 시간을 두고 한 번 더 모이는 것이다.

이런 모임에서 회의를 길게 가지는 것은 별로 득이 되지 않는다. 사실 부서를 운영하다보면 전체 교사 회의를 거쳐야만 하는 내용은 많지 않다. 회의는 필요시 담당자들만 모여서 하는 편이 좋다.

교사 모임에서는 전체적으로 소식을 나누고, 간단한 기도회를 갖는 것이 좋다. 후에는 교사 공과 소그룹으로 모여서 함께 공과를 나누는 것이 유익하다.

기도회는 한 달에 한 번 정도 정기적으로 가지되, 학생리더들과 함께하는 기도회나 학부모와 함께하는 기도회 등을 기획해서 다양하게 이끌어 가는 것이 좋다.

사역자들이 명심해야 할 것이 있다. 기도는 다른 것으로 대신할 수 없다는 것이다. 한 영혼, 영혼을 붙들고 씨름하는 개인기도에 힘써야 한다. 그와 동시에 함께 모여서 공동체를 위해 부르짖는 기도 역시 쉬지 말아야 한다. 기도는 어떤 프로그램으로도 대신할 수 없다.

부서를 위해 기도해줄 수 있는 기도 특공대를 조직하는 것도 좋은 방법이다. 교사들 중에서 구성해도 좋고, 학부모 가운데서 지원을 받아도 좋다. 어쨌든 기도야말로 승리의 전제 조건임을 잊지 않기를 바란다.

학부모 초청 예배와 간담회

앞서 언급했듯 학부모는 청소년 사역의 중요한 사역 대상이다. 학부모님들은 후원자이며 동역자이자 교육의 대상이기도 하다. 어떻게 하면 학부모님들과 소통하는 교육을 할 수 있을까? 몇 가지 구체적인 방안을 제시해 보려고 한다.

첫째, 학부모 초청 예배다.

청소년들과 부모님들이 함께 예배를 드릴 수 있는 장을 마련하는 것은 매우 중요하다. 사실 한 교회 안에서 신앙생활을 하는 가족도 함께 예배드릴 수 있는 시간이 그렇게 많지 않다. 특별히 청소년과 부모를 고려한 메시지는 강단에서 쉽게 들어볼 수 없다. 그러나 적어도 일 년에 한두 번은 꼭 필요한 부분이다.

예배는 보통 예배와 비슷하게 드리지만, 몇 가지 특별 순서를 편성할 수도 있다. 학생 대표가 부모님께 드리는 편지를 낭독한다든지, 부모님들 중 한 분이 자녀에게 보내는 편지를 낭독하는 것처럼 말이다.

한번은 학생들이 부모님에게 전하고 싶은 메시지를 영상으로 담아서 부모님에게 보여주었는데, 교회에 출석한 지 얼마 안 되는 여학생이 "엄마, 엄마! 우리 옛날에 … 나 어렸을 때는 같이 손잡고 교회도 오고 그랬잖아. 근데 지금은 … 난 이렇게 다시 교회 나오게 되었는데, 엄마는 아직 나오지 못해서 너무 속상해" 하는 메시지를 전해서 온통 눈물바다가 되었다.

설교는 학생과 부모와 관련된 주제로 선포된다. 아울러 서로를 축복해주고 안아주는 순서도 갖는다. 예배가 끝나고 나면 난생 처음 자녀에게 사랑한다는 말을 들었다고 눈물 글썽이는 부모님도 있고, 처음으로 아빠가 안아주었다고 들떠 있는 청소년도 있다.

학부모 초청 예배는 자녀와 부모를 연결해 주는 중요한 다리가 될 수 있다. 물론 예배는 하나님께 드리는 것에 우선된 목적이 있지만, 하나님께서 예배를 통해서 우리에게 주시는 은혜가 분명히 있음도 부정할 수 없다.

예배 후에는 꼭 학부모 간담회를 갖는다. 학부모 간담회는 학부모님들에게 아이를 담당하고 있는 교사를 소개하고, 중고등부 부서에 대한 전반적인 부분을 설명해주는 시간이다. 교육 철학에서 개괄적인 교육 프로그램까지 소개할 수 있는 프레젠테이션을 준비하는 것이 좋다.

설명이 끝나면 질문을 받고, 이후 각 반 교사와 해당 학부모가 만나는 소그룹 간담회를 실시한다. 이때 간단한 다과가 준비된다.

학부모 간담회는 학부모님들에게 교역자와 교사, 그리고 청소년 교회 교육에 대한 신뢰를 줄 수 있는 절호의 기회다. 학부모 초청 예배와 간담회만 잘 준비되어도 많은 학부모님들이 청소년 사역의 적극적인 후원자가 될 수 있다.

가정을 돕는 청소년 사역

청소년들이 온전히 서기 위해서는 부모와 가정의 역할이 매우 중요하다. 부모와 가정의 역할을 회복하도록 돕기 위한 방법은 크게 네 가지를 제시할 수 있다.

첫째, 학부모가 교육을 받을 수 있는 프로그램을 운영하는 것이다.

프로그램이라고 거창하게 생각할 필요 없다. 간단한 세미나로 시작할 수도 있다. 이런 교육을 통해 청소년의 특성을 이해하도록 돕고, 가정을 역할을 제시할 수 있다.

둘째, 학부모 기도회를 정기적으로 갖는 것이다.

예전에 사역하던 한 교회에서 매주 토요일마다 교사와 학부모가 함께 기도하는 '교사 학부모 기도회'를 진행했다. 설교를 통해 자연스럽게 바른 가정의 모습과 역할을 깨닫게 되고, 함께 기도함으로 가정을 영적으로 세워갈 수 있는 매우 좋은 장이 되었다.

한 달에 한 번씩 또래 학부모들끼리 소그룹도 가졌는데, 이게 학부모님들에게 많은 위로가 되었던 모양이다. 내 자식만 그런 줄 알았는데, 다른 자식들도 다 그렇다는 것을 알게 된 것에 대한 안도감일까? 어쨌든 이런 소그룹도 실제적 유익을 준다.

셋째, 가정 심방이다.

흔히 가정 심방은 장년 사역자들의 전유물처럼 생각한다. 그러나 청소년 사역도 가정 심방이 필요하다. 가정 심방을 통하여 아이의 상황을 보다 정확히 알 수 있다. 또 확실한 학부모님의 신뢰를 얻을 수도 있다.

넷째, 가정 예배를 활성화하도록 노력하는 것이다.

가정 예배는 가장의 영적 권위를 세워주고, 가족 구성원들 간의 영적 교통이 있게 한다. 가정 예배만 꾸준히 드려도 가족 구성원들 사이에 대부분의 문제가 해결되었다고 간증하는 분들이 많다. 청소년 자녀를 둔 가정은 그 어느 때보다 불안정한 시기를 지나고 있기 때문에 가정예배를 함께 드리는 것이 더욱더 중요하다.

학부모를 교육하고 함께 사역해 가는 데 있어 한 가지 주의할 점이 있다. 아이가 교사에게만 한 이야기가 학부모의 입을 통해 나와서는 안 된다는 것이다. 또 아이가 말하지 않은 집안일들을 학부모에게 들고 학생에게 아는 척해서도 안 된다.

일반적으로 청소년들은 자신의 가정일이 자신의 의사와 관계없이 교회에 노출되거나, 교회에서의 일들이 부모에게 노출되는 것을 아주 싫어한다.

▶학부모 초청예배 때 선생님들을 축복해주고 있다.

청소년들이 꼽는 최악의 교사 가운데 한 부류는 교회에서 잘못한 일을 직분자인 부모에게 알리는 교사다. 집에 갔는데 "너 이놈, 교회에서 떠들다가 혼났다며!" 하는 순간 교사에 대한 신뢰는 완전히 깨지는 것이다.

학부모와 너무 긴밀히 소통한 나머지 정작 청소년을 소외시키는 일이 없도록 해야 한다.

학부모와 교사를 통한 청소년 사역 후원자 세우기

청소년 사역에서 항상 문제가 되는 것이 예산이다. 나도 사역 초창기에 늘 부딪혔던 문제가 예산이었다. 아이들을 만나고, 먹을 것 사주느라 사례비를 다 털어 넣고도, 또 부서에서는 늘 부서 예산 걱정해야 하는 것 청소년 사역자의 십자가인가 보다 생각했다.

개인적으로 넉넉하지 못한 거야 어쩔 수 없는 청소년 사역자의 처지이지만, 부서 예산을 크게 걱정하지 않아도 될 방법은 있다. 아마 이 얘기에 귀가 뻔쩍 뜨이는 분이 있으실 것 같다.

사역하던 교회에서 아이들의 숫자가 늘면서 안 그래도 부족한 예산이 더 부족해졌다. 여름수련회는 다가오고 여하튼 예산을 확보할 수 있는 방법을 다 동원해야 했다.

그래서 선생님들을 모아 놓고, "선생님들이 더 헌신하셔야겠습니다. 만약에 안 되면 여름 수련회 비용을 각출하겠습니다. 저도 사례비 내놓겠습니다." 이렇게 선언했다. 그 당시 선생님들은 모두 함께 제정신이 아니었던 터라 누구 하나도 그렇겐 못한다는 분이 없었다. 얼마나 감사했는지 모른다.

감사하긴 감사한데, 부서를 책임지는 교역자로서 얼마나 속이 탔는지 모른다. 안 그래도 자비로 애들 먹이고, 교역자 잘못 만나서 수련회도 회비 내고 가시던 선생님들에게 더 큰 짐을 지워드렸으니 말이다.

이런 저런 방법을 고민하다가 궁여지책으로 얼마 안 되는 성가대 예산이라도 타보려는 생각에 주일 오후 예배 성가대를 서기로 결정했다.

그래서 당시 임원들을 모아다가 상황을 알리고 그 아이들을 통해 성가대로 설 아이들을 모았다. 그땐 아이들 역시 제정신이 아니었기 때문에 예배에 출석하는 아이들 거의 전원이 성가대를 섰다.

그런데 그 후에 생각하지도 못한 반응이 오기 시작했다. 여러 어른들을 통해서 중고등학생들이 변했다는 소문이 나기 시작한 것이다. 아이들이 얼마나 열심히 하는지 모른다는 것이다. 어른들이 아이들을 칭찬하기 시작했다. 우리는 더 신이 나서 성가대 안 서는 오후 예배 때도 앞자리를 쭉 차지하고 앉았다. 그 자리가 장로님들 자리였다. 장로님들 가운데 자리 빼앗겼다고 기분 나빠하시는 분은 한 분도 없었다. 그리고 모든 예산 문제가 해결되었다. 그때 깨달은 것이 있다. 어른들의 눈에 아이들이 보이기 시작하면, 어른들은 지갑을 연다는 사실이다.

예산과 싸워야 하는 것은 모든 청소년 사역자의 몫이다. 예산이 없다고 불평만 하고 앉아 있을 일이 아니다. 교회 안에 청소년들을 보여 주고, 그들의 변화를 알리면 생각지도 못한 재정적인 후원이 생겨난다.

관심이 없는 곳에는 지갑이 열리지 않는다. 그것은 우리도 마찬가지일 것이다. 나는 최근까지도 청년 사역에 별 관심이 없었다. '청년 사역이 뭐 중요한가? 그냥 청소년 사역 잘해서 많이 올려주면 자동 부흥되는 거 아닌가?' 이런 생각이었다.

무식한 생각이지만, 요점은 관심이 없으니 시간도 투자하지 않고, 재정도 투자하지 않게 되더라는 것이다. 그러므로 청소년 사역에 충분한 재정적 후원을 얻으려면 청소년 사역을 알려야 한다. 어른들이 청소년 사역에 관심을 갖게 하는 것도 청소년 사역자의 몫이다.

그 일을 위해 교역자에게 중요한 동역자가 역시 학부모와 교사다. 학부모와 교사에게 인정받지 못하는 청소년 사역에 다른 어른들이 관심을 가질 리 만무하다. 학부모와 교사가 먼저 후원자가 되도록 사역하면 그들을 통해 자연스럽게 청소년 사역이 교회 전체에 알려진다.

교역자와 교사, 학부모가 힘을 합해 청소년과 청소년 사역의 중요성을 알리면 반드시 변화가 일어난다.

chapter 11. 하나의 공동체로 세워져가는 중고등부

수련회에 승부를 걸어라

청소년 사역을 하면서 약 25회의 교회 수련회를 진행했다. 그리고 매 회 약 1천명 단위의 대형연합캠프를 16회 진행했다. 이래저래 40여 회의 수련회를 진행한 셈이다. 수련회에 관해서 하고 싶은 말이 너무 많다.

그래서 청소년 수련회를 주제로 한 책을 썼다. 「수련회, 카운터펀치를 날리다」(BIM/브리지임팩트사역원출판부)라는 책이다. 수련회 철학으로부터 준비, 기획과 운영의 실제, 수련회 후속 행사에 이르기까지 정리한 매뉴얼이다. 수련회와 관련된 보다 상세한 내용을 원한다면 이 책을 보면 좋겠다.

이미 집필한 책의 내용을 중복되게 다룰 수 없어서 여기서는 수련회 철학과 준비 과정과 관련된 부분만 간략히 다루려고 한다. 구체적인 수련회 기획과 진행에 관해서는 뒤에 첨부한 수련회 매뉴얼을 통해서 대략 파악할 수 있으리라 생각한다.

수련회와 관련된 강의를 할 때 가장 먼저 물어보는 질문은 이렇다. "수련회, 왜 하십니까? 누구를 위해 하십니까?" 그냥 너무나도 당연하게 해왔고, 수련회를 하지 않는 것을 생각해보지 않아서일까? 이런 질문을 하면 많이 당황스러워한다. "그럼, 수련회를 해야지 안 해요? 그걸 왜 하냐고 물어야 될 이유가 있나요?", "청소년 수련회인데 …, 당연히 청소년을 대상으로 하죠 …." 이런 반응을 보인다.

프로그램의 원리에서 언급했듯 모든 프로그램은 그 시행 대상과 목적이 분명해야 한다. 수련회도 예외는 아니다. 일반적인 경우에 나는 내가 진행하는 수련회를 이렇게 정의한다.

첫째, 수련회는 신앙 수준이 낮은 청소년들을 위해 기획된다.

신앙 수준이 높은 사람은 낮은 사람에게 맞춰줄 수 있다. 그렇지만 신앙 수준이 낮은 사람은 높은 사람에게 맞춰 줄 수 없다. 수련회는 오픈된 행사이다. 대상을 골라서 받을 수 없다. 따라서 프로그램은 신앙이 약한 아이들도 쉽게 접근할 수 있도록 기획하는 것이 바람직하다. 나는 수련회를 진행할 때 막 교회에 나오기 시작한 중1 학생들도 소화해 낼 수 있도록 하는 것을 목표로 한다.

둘째, 수련회는 아이들 간의 관계를 회복하는 일, 하나님을 인격적으로 만나도록 도전하는 일을 목적으로 한다.

각 교회가 수련회를 갖는 목적은 다양하다. 깊이 있는 성경공부, 친교, 전도, 성령 체험, 훈련 등 수련회를 통해 할 수 있는 많은 일들이 있다. 그러나 분명한 것은 수련회가 이 모든 것을 한 번에 다 만족시키는 백화점이 아니라는 사실이다.

수련회는 길지 않다. 근래 치러지는 2박 3일 수련회는 오고 가는 시간을 제외하면 만 이틀이 전부다. 목적을 다양하게 세우면 그만큼 집중력이 떨어진다. 백화점식 수련회를 꿈꾼다면 시작부터 실패의 길에 들어선 것이다. 평소에 해야 하지만 못한 모든 것들을 수련회에서 다 몰아치기로 해결하려 해서는 안 된다. 물론, 그렇게 할 수도 없다.

나는 수련회에서 '관계'에 집중한다. 바로 친구와의 관계, 하나님과의 관계다. 친구 관계의 핵심은 '사랑'과 '섬김'이다. 아이들에게 수련회를 통하여 이 두 가지를 몸으로 체득하게 한다. 하나님과의 관계 회복은 구체적으로 두 가지로 제시된다. 초신자들에게는 복음을 전한다. 기존 신자들에게는 헌신을 결단하도록 한다.

친구 관계의 회복을 위해서는 '놀이'를, 하나님과의 관계에 대한 도전을 위해서는 '집회'를 도구로 삼는다. 그래서 나는 수련회를 기획할 때 집중적으로 놀고, 집중적으로 집회를 한다. 저녁 집회를 제외하고, 다른 집회나 특강은 특별한 경우가 아니면 포함시키지 않는다. 집중력을 위해서 낮에는 놀이, 밤에는 집회라는 공식을 지킨다.

놀이와 집회라는 두 가지로 집중된 수련회는 많은 역사를 일으킨다. 아이들 사이의 굳어진 관계를 새롭게 하고, 하나님에 대한 굳어진 마음을 부숴버리는 강력한 힘이 있다. 그래서 청소년 사역에서 단 하나의 행사만을 꼽으라면, 나는 주저 없이 수련회를 선택한다.

수련회는 딱딱한 중고등부의 분위기를 한 번에 반전시킬 수 있는 가장 강력한 도구이다. 잘 기획된 수련회는 그야말로 '카운터펀치'가 될 수 있다.

수련회 준비는 이렇게 하라

수련회 준비는 통상 아래와 같은 절차를 따른다.

1. 장소 섭외 및 답사

수련회 장소 섭외는 여름수련회의 경우 6개월 전에 하는 것이 좋다. 좋은 장소는 1년 전에도 예약되는 곳이 있기 때문에 일찍 결정하는 것이 여러모로 유리할 수 있다. 최소한 3개월 전에는 예약하도록 한다.

장소는 일반적으로 알려진 기도원이나 수양관 외에도 전원교회나 청소년 수련원 등 좋은 장소가 많다. 규모에 따라 콘도나 펜션도 고려해 볼 수 있다.

장소 섭외 시에는 몇몇 교사와 같이 동행하되, 특별히 주부 교사가 반드시 동행하는 것이 좋다. 주부들만이 볼 수 있는 생활환경 요소들이 꼭 있기 때문이다. 특별히 요즈음 아이들이 제일 민감한 곳이 숙소다. 숙소만 좋아도 아이들 불만의 대부분이 사라진다.

프로그램이 대략 기획되어 있으면, 외부 활동 환경을 살피는 데 도움이 된다. 아니라면 환경을 꼼꼼히 살펴놓아야 거기에 맞춰 놀이 프로그램을 기획할 수 있다.

▶수련회의 낭만, 캠프파이어 시간

2. 준비 모임 및 기도

수련회 준비 모임은 빠르

면 3개월 전, 늦어도 한 달 반 전에는 꼭 갖기 시작해야 한다. 첫 모임에서 전체 수련회 개요를 설명하고, 담당자를 선정한다. 담당자는 미리 대략적인 윤곽을 가지고 있는 것이 좋다. 그리고 기도 일정을 알려 준다.

준비기도는 릴레이 기도를 할 수도 있고, 하루에 시간을 정해 놓고 모든 교사들이 각자의 장소에서 그 시간마다 꼭 기도하도록 할 수도 있다. 별도의 기도팀을 따로 운영하는 것도 좋다.

일단 준비 사항과 관련하여 역할 분담이 되면, 전체 담당자는 진행 상황에 대해서 수시로 점검해 간다. 전체 모임은 기도 모임으로 1-2회 정도 더 갖는다.

3. **사전 준비 사항 : 차량 및 기자재 섭외, 가정통신문, 보험 가입, 안전 장비**

전체 모임이 끝나면 담당자는 수련회에 필요한 기자재들을 파악해서 다른 부서와 조율한다. 아울러 차량 신청도 미리 해 두어야 한다.

수련회 3주 전에는 가정통신문을 발송하고, 수련회 등록을 받기 시작한다. 등록이 들어오는 대로 주민등록번호를 정리해서 여행자 보험에 가입한다.

요즈음 수련회에 여행자 보험은 필수다. 사고 여부를 떠나서 그래야 학부모님들도 안심을 할 수 있다. 비용도 그리 많이 들지 않는다.

여름 같으면 구명 장비나 상비약 같은 안전 장비를 꼭 갖추길 바란다. 특히 여름에는 물놀이 사고가 많기 때문에 물가로 수련회를 가는 교회에서는 반드시 구명 장비를 갖출 것을 권한다.

4. 수련회 홍보

가장 좋은 수련회 홍보는 수련회를 잘하는 것이다. 이전 수련회가 좋았으면 별다른 홍보가 없어도 아이들이 서로 가려고 한다. 수련회를 손꼽아 기다리기까지 한다. 수련회를 한 번 망치면 어떤 홍보를 해도 아이들을 데리고 가기가 정말 힘들어 진다.

수련회를 앞두고 하는 수련회 홍보는 아이들을 더 데리고 가기 위함이라기보다, 수련회 분위기를 조성한다는 차원에서 접근해야 한다. 영상을 활용할 수도 있지만, 직접 콩트 형식으로 공연을 준비하는 것도 재미있다. 포스터나 수련회 타임테이블을 미리 붙여 놓을 수도 있을 것이다. 물론 특강, 집회, 특강, 집회 이렇게 구성되어 있는 수련회 타임테이블을 미리 붙였다가는 어떤 일이 벌어질 지는 알 것이다.

아이들은 꼭 데려가겠다는 욕심에 너무 지나치게 권고하거나, 부모를 통해서 설득하려고 하면 오히려 역효과가 난다. 오히려 리더 아이들을 통해서 간접적으로 설득작업을 펴는 것이 훨씬 좋다.

수련회의 실질적인 성패는 조 편성에서 좌우된다

수련회의 놀이를 통해 아이들 사이의 관계를 회복하는 충격을 제대로 주려면, 놀이 프로그램 이전에 조 편성을 잘해야 한다. 아무리 재미있는 놀이도 함께 하는 그룹의 분위기가 별로면 재미없는 법이다.

수련회 조 편성은 가급적 또래집단을 깨서 편성한다. 교회 반편성에서 친한 아이들끼리 묶여 있기 때문에 수련회에서는 일부러 깨뜨려주는 것이다. 이런 작업을 통해서 또래 집단이 지나친 폐쇄성을 갖는 것을 막을 수 있다. 그런데 방법을 잘 선택해야만 한다. 안 그러면 역효과가 난다. 나는 이렇게 한 적이 있었다.

먼저 수련회 전에 훈련된 학생 리더들을 불러서 두 명씩 짝을 짓도록 한다. 그리고 그 짝대로 수련회 각조에 편성된다는 것을 알려준다. 그 아이들이 조의 리더 겸, 분위기 메이커가 되는 것이다. 두 명 이상 묶어 주어야만 다른 아이들의 어색한 분위기에 오히려 리더들이 영향 받는 것을 막을 수 있고, 덜 지칠 수 있다. 이렇게 적극적인 아이들이 두 명 이상 조에 편성되어 있으면 지나치게 분위기가 죽는 조가 없다.

그리고 수련회 장에 도착하면 이제 조 편성을 하는데 방법은 제비뽑기다. 앞서 짝을 지어준 리더들은 각 조에 미리 배정된다. 임원단은 제비 뽑을 기회가 없다고 하면 모든 아이들이 이해한다. 그리고 나머지 아이들을 학년 별로 제비 뽑으면 골고루 배정이 되어 친한 친구끼리 묶이는 경우가 거의 없다.

이렇게 하면 친한 아이들을 뿔뿔이 흩어 놓으면서도 분위기가 지나치게 처지는 조가 없다. 아울러 조에 대한 아이들의 불평도 최소화할 수 있다. 일단 자신들이 제비를 뽑았기 때문에 친구끼리 다 떨어졌어도 불만이 덜하다. 혹 조를 바꿔달라고 불평하는 아이가 있으면 한 마디면 된다. "니가 뽑았잖아?" 아마 교사들 임의로 이렇게 떨어뜨려 놓았다간 난리가 날 것이다.

단, 새로 온 아이들, 교회 온 지 얼마 안 된 아이들은 친구와 붙여 준다. 이 점에 대하여 이해하지 못하는 아이들은 아무도 없다.

이런 조 편성에서는 학생 리더들의 역할이 절대적이다. 딱히 친한 사람끼리 붙어있지 않기 때문에 자칫 어색해 질 수 있는 분위기를 학생 리더들이 풀어주는 것이다.

그런데 이렇게 하다보면 정작 학생 리더들이 지치는 경우가 있다. 특별히 내성적인 아이들이 많이 몰리게 된 조는 더 그렇다. 이럴 때 교역자는 수시로 학생 리더들을 모아서 독려해주고, 칭찬해주고, 용기를 북돋아 주어야 한다.

이런 조 편성으로 수련회를 한번 제대로 치르고 나면 아이들 사이의 분위기가 확 변해 있는 것을 경험할 수 있다.

대형교회의 경우 이런 방법이 힘들 수도 있다. 물론 이런 방법으로 250여명을 헤쳐모여 시킨 적도 있다. 그러나 대형교회의 경우 이렇게 수련회에서 만나 친해지더라도 교회에 돌아가서 얼굴도 보기 힘든 경우가 많다. 너무 많은 아이들이 있기 때문이다. 따라서 대형교회의 경우에는 그냥 각 반별로 조를 편성하는 것도 좋은 방법이다.

수련회 기획과 진행의 실제

다음 페이지부터는 수련회 매뉴얼이 실려 있다. 구체적인 수련회 프로그램의 기획과 진행에 대해 살펴보기 바란다. 이 매뉴얼은 그대로 시행하면 한 편의 수련회가 되도록 짜여 있다.

2007년 여름청소년수련회 기획 매뉴얼
제자도 테마수련회 꾸미기

I 구성

본 수련회는 제자라는 테마로 전체 프로그램을 엮고 있다. 수련회 참석자들은 가상의 공간인 '제자도(弟子島)'을 탐험하는 탐험대다. '제자도'를 탐험하면서 아이들은 자연스럽게 제자 됨의 의미를 찾아가게 된다.

테마 수련회이기 때문에 프로그램 제목, 혹은 여러 용어들이 테마를 반영하게 된다. 예를 들어 조의 개념이 탐험대로 바뀐다. 1조, 2조가 아니라, 제1탐험대, 제2탐험대… 이런 식이 되는 것이다. 조장은 '탐험대장'이 된다. 7명 내외로 편성된 각 탐험대의 대원들에게는 각자 고유의 역할이 부여된다. 역할에 따라 직책이 정해진다.

첫날 나누어주게 되는 '탐험대KIT' 안에는 지도와 역할카드, '제자도'에서 통용되는 화폐인 '포인트' 등이 들어 있다. 아이들은 수련회 중에 '포인트'를 획득하고 이것으로 게임에 도전하거나 간식을 얻을 수도 있다. 누적된 씨앗을 통해 최종 승자를 가리는 점수의 개념도 포함되어 있다.

'제자도'를 탐험하는 탐험대라는 하나의 테마 안에서 묶여질 핵심 프로그램은 놀이와 집회 두 가지이다.

본 수련회 매뉴얼은 기획, 시행된 수련회의 예를 제시하기 위하여 예장합동 총회교육개발원이 발간한 "2007 테마 수련회 자료집3" 중에서 필자가 집필한 부분을 발췌하여 수정, 편집한 내용이다.

놀이를 통해 신앙 수준이 낮은 아이들이 기독교적 용어에 쉽게 친숙해 질 수 있도록 도울 수 있다. 보다 더 중요한 목적은 놀이를 통해 아이들 사이의 관계가 형성되고 회복되도록 돕는 것이다.

집회를 통해서는 하나님과의 관계를 회복하도록 도전한다. 집중적인 말씀과 기도를 통해 영적인 충격을 던지는 것이다.

|| 기획개요

- OO 교회 제자도 대탐험 여름모험캠프
- 주제 : 나는 주님의 제자!
- 주제성구 : 요한복음 15장 8절

"너희가 열매를 많이 맺으면 내 아버지께서 영광을 받으실 것이요 너희는 내 제자가 되리라."

- 기간 : 8/6(월)-8(수)
- 장소 : 제자수양관
- 참가인원 : OO명
- 참가비 : O만원 (보험가입비 포함)

• 프로그램 시간표

시간	첫째날	둘째날	셋째날
6		기상 및 탐험 준비	
7		탐험 전야 Quiet Time	
8		아침 식량 공급	
9		제자도 탐험대 manual2 사랑에 푹 빠지다	제자도를 떠나며
10			
11		미스테리 탐험대 이상한 섬의 제자들	탐험대 흔적 지우기
12			New Starting Worship 세상의 빛으로!
13		점심 식량 공급	
14	Opening Worship 제자도를 향한 도전	제자도 탐험대 manual3 세상에 우뚝 서다!	
15			
16	제자도 탐험대 step1 탐험대 결성!	제자도 서바이벌 프로젝트 누가 내 열매를 훔쳤을까?	
17	제자도 탐험대 step2 팀웍 다지기		
18		저녁 식량 공급	
19			
20			
21	탐험대 Worship1 누가 진짜인가?	탐험대 Worship2 세상을 정복하라!	
22			
23	제자도 탐험대 manual1 목숨을 걸다	제자들의 마지막 밤 LOCK IN 축제	
24			

Ⅲ 프로그램 개요

Opening worship "제자도를 향한 도전"

여는 예배 시간이다. 여는 예배는 그냥 의례히 하는 형식으로 넘어가는 경우가 많다. 그러나 그런 식의 여는 예배라면 차라리 과감하게 없애는 것이 수련회 진행에도 도움이 된다. 특별히 놀이 중심의 수련회에서는 더 그렇다.

여는 예배는 힘 있는 찬양, 빠른 템포의 군더더기 없는 진행, 그리고 강력하고 짧은 메시지의 삼박자를 잘 갖추어야 한다. 시작부터 아이들에게 지루한 인상을 남겨서는 안 된다.

제자도 탐험대 step1 "탐험대 결성!"

오리엔테이션이다. 먼저 캠프의 무대를 소개하는 것으로 프로그램을 시작하여, 탐험대 수칙(수련회 유의 사항)을 알려주고, 탐험대를 편성하고, 탐험대 KIT을 나누어 준다.

제자도 탐험대 step2 "팀워크 다지기"

팀워크를 다지기 위한 놀이 시간이다. 가급적 전체 모임장소에서 바로 진행할 수 있는 놀이를 편성하는 것이 좋다. 가벼운 마음으로 참여할 수 있는 익숙한 게임으로 시작한다.

제자도 탐험대 Worship1 "누가 진짜인가?"

첫째날 저녁 집회시간. 집회는 일반적으로 찬양, 말씀, 기도로 이루어진다. 다른 프로그램들이 주로 놀이로 구성되기 때문에 집회 시간까지 가볍게 끌고 갈 필요는 없다. 이 시간을 통해 '영적 충격'을 주어야 한다.

수련회 집회는 딱히 이렇다 할 공식이 없다. 성령의 인도하심에 따라 즉흥성이 가장 많이 발휘되는 시간이기도 하다.

나는 찬양 40분, 말씀 40-60분, 기도 60분 이상을 기본으로 콘티를 짜고 당일 분위기에 따라 조금씩 조정하는 편이다. 집회에서 중요한 것은 충분하다 할 만큼 끌고 가는 것이다. 단, 첫날 집회이니만큼 다음날 일정에 부담을 줄 정도로 늦게까지 연장하지는 않도록 한다.

집회의 제목인 '누가 진짜인가?'는 설교 제목이다. 원하는 설교 제목을 테마에 어울리게 정하면 된다.

제자도 탐험대 manual1 "목숨을 걸다"
탐험대 별로 수련회 공과를 나누는 시간이다. 필히 간식을 준비하도록 한다. 공과는 길어도 30분을 넘지 않도록 하라. 공과 후에는 간식과 함께 잠시 나눔 시간을 갖는다. 간단한 질문지를 준비하는 것도 좋다.

탐험 전야 Quiet Time
아침 큐티 시간이다. 탐험대 별로 숙소에서 모인다. 간략한 메시지와 나눔을 진행한다. 조용한 묵상 기도로 마무리한다.

제자도 탐험대 manual2 "사랑에 푹 빠지다"
탐험대 별로 수련회 공과를 나누는 두 번째 시간이다. 스텝들은 이 시간을 활용해 다음 놀이를 준비할 수 있다. 다음 게임을 식사 시간에 미리 준비해 놓을 경우 식사 후 아이들이 보거나 건드릴 수 있다. 때문에 식사 직후 이런 모임 시간을 꼭 확보하는 것이 게임 준비에 있어 작지만 유용한 노하우이다.

미스테리 탐험대 "이상한 섬의 제자들"
제자도에 이상한 사람들이 살고 있다!? 지도를 들고 진행하는 자유 경로 방식의 포스트 게임이다. 누가 더 많은 열쇠를 모으고, 그 열쇠를 활용하여 보물을 찾는가를 겨루는 것이 게임의 1차적 목표다. 아울러 게임 중간중간 곳곳에서 튀어나오는 가짜 제자들을 찾아 포획하는 게임 속의 게임이 있다.

제자도 탐험대 manual3 "세상에 우뚝 서다"

탐험대 별로 수련회 공과를 나누는 세 번째 시간이다. "세상에 우뚝서다!"는 주제로 공과를 나누게 된다. 가장 잠이 오는 시간대의 공과라 조금 부담될 수 있다. 하지만 막상 취침시간을 주면 잠을 잘 자지 않는 시간이기도 하다. 가장 더운 시간대에 냉방이 되는 실내에서 진행한다는 것은 장점이다.

역시 스텝들은 놀이를 설치하는 시간으로 활용한다. 실제로 게임을 설치해 보면 1시간이 그리 길지 않다. 미리 준비해 두어야 할 부분들은 식사시간을 활용하고 이 시간에는 실외 설치를 하겠다는 생각으로 진행해야 차질이 생기지 않는다.

제자도 서바이벌 프로젝트 "누가 내 열매를 옮겼을까?"

제자도에서 살아남기 위해 필수적인 열매들이 사라졌다! "누가 내 열매를 옮겼을까?"라는 어리석은 질문과 함께 현실에 안주할 것인가? 아니면 새로운 열매를 찾아 도전할 것인가!

성령의 아홉 가지 열매를 숨긴 아홉 가지의 코스에서 게임을 치루는 탐험대별 생존 게임이다. 이기면 열매를 얻지만 그렇지 못하면 광야 수련을 통해 다시 기회를 얻어야 한다.

제자도 탐험대 Worship2 "세상을 정복하라"

둘째 날 집회다. 첫날과 다를 것이 없지만, 다음 순서가 없는 것이나 마찬가지이기 때문에 끝나는 시간에 구애 받지 않고 진행할 수 있다. 마지막 순서에 영접과 헌신을 다짐하게 할 수 있다.

모든 순서를 마치고 학년별로(특히 고3), 그리고 선생님들을 축복해 주는 시간을 갖는 것이 좋다. 수련회 기간 중 분위기가 가장 고조되는 시간이다.

제자들의 마지막 밤 "Lock in 축제"
제목은 있지만 실제로 정형화된 프로그램을 진행하는 시간은 아니다. 수련회의 낭만은 친구들과 함께 하는 자유로운 밤 시간에 있다. 가급적 자유롭게 풀어주되 지나친 놀이는 삼가도록 해 주고, 자고 싶은 학생들을 배려해 주어야 한다. 안전사고의 위험에 대한 대비는 철저해야 한다. 아이들 간에 불미스러운 일이 없도록 통제해야 하는 것도 당연한 조치이다. 아이들은 자유롭지만 교사들은 긴장해야 하는 시간이다. 간단한 레크레이션을 준비하여 초반에 진행하고 후반에 자유 시간을 주는 것도 좋다.

제자도를 떠나며
2박 3일 간의 수련회를 정리하는 시간이다. 두 장의 종이를 나누어 준다. 하나는 수련회에 대한 자신의 소감을 적는 종이다. 몇 가지 항목으로 나누어 질문을 적어 주는 것도 좋다. 다른 하나는 롤링페이퍼로 사용한다. 원으로 앉은 상태에서 자신의 이름을 종이 위에 적고 시계 방향으로 종이를 돌린다. 받은 사람은 종이에 적혀 있는 이름의 대상에게 하고 싶은 말을 적는다. 둘 다 고전적인 방법이지만, 꼭 필요한 피드백 과정이다.

탐험대 흔적 지우기
뒷정리를 하는 시간이다. 짐을 정리하고 숙소를 청소한다.

New Starting Worship "세상의 빛으로!"
폐회 예배. 짐을 미리 정리해 놓기 때문에 찬양팀 없이 진행될 수도 있다. 수련회 동안에 있었던 에피소드를 설교에 사용하는 것이 좋다. 설교를 통해 '이제부터 진짜 제자의 삶이 시작된다'는 도전을 주어야 한다.

Ⅳ 프로그램 세부 진행안

1. 제자도 탐험대 step1&2, "탐험대 결성!" & "팀워크 다지기"

❶ 내용 설명 탐험대 결성과 팀워크 다지기는 연속해서 이루어지는 프로그램이다. 먼저, 간단한 영상이나 PPT를 이용해서 테마를 설명한다. 이 후 각 탐험대를 나누고 각 탐험대별로 "탐험대 KIT"을 나누어 준다. 탐험대 KIT의 내용과 역할은 아래 표와 같다.

내용물	기능	수량
지도	수련장 약도를 테마에 맞게 수정한 탐험 지도. (*지도 만들기 Tip 참조) 지도를 사용해 게임 포스트의 위치를 찾아갈 수 있다.	1장
명찰	탐험대 번호, 이름 학년 등을 기재한다. 역할 카드(스티커)를 끼워 넣거나 붙일 공간을 비워 놓도록 한다.	7장 (탐험대원 수에 따라 조정)
역할카드 (스티커)	탐험대원들의 직책을 기입한 카드 혹은 스티커. 명찰 하단에 붙이도록 한다.	
4색 네임펜	명찰을 예쁘게 꾸밀 수 있는 4색 펜	2세트
슈퍼빙고판	팀워크 다지기에서 진행될 슈퍼빙고 게임판.	1장
포인트	가상공간 제자도의 화폐. 최종 시상을 위한 점수로 활용된다. 부수적으로 게임에서 활용되기도 하고 간식을 사먹게도 할 수 있다. 1) 포인트의 획득 - 프로그램에 임하는 태도에 따라 지급 - 질서 및 정리정돈 상태에 따라 지급 2) 포인트의 지출 - 일부 게임 도전 시 - 포인트로 먹을 수 있는 간식 구입 - 적절치 못한 행위로 벌점을 받았을 경우	게임 밸런스를 맞춰 적정 배분

아래 표는 탐험대원의 직책과 역할 설명이다.

직책	역할	인원
탐험대장	각 탐험대를 대표한다. 프로그램 진행시 탐험대장을 통해 각종 물품이 지급되고 전달 사항이 전해진다. 지도를 관리한다.	1명
학자(박사)	퀴즈 게임 진행시 우선적으로 선발된다. 둘째 날 〈이상한 섬의 제자들〉에서 보물에 도전하는 퀴즈에 실패할 경우 열쇠 1개만을 소비하고 바로 재도전할 수 있다. 물론 다른 탐험대원은 절대 답을 말할 수 없고 학자들만 답할 수 있다.	1~2명
레인저 (유격대원)	몸으로 움직이는 게임에 우선적으로 선발된다. 몸으로 움직이는 게임을 간발의 차로 실패했을 경우(한 명의 재도전으로 성공 여부가 판가름날 경우) 포인트를 지급하고(적정 금액) 레인저만 재도전할 수 있다.	1~2명
회계사	포인트를 관리한다.	1명
탐험대원	둘째 날 〈이상한 섬의 제자들〉에서 카메라를 담당한다. 게임시 호명되면 맡은 역할을 담당한다.	2~4명

지도 만들기 Tip

지도를 만들기 위하여 캠프장 천체를 돌며 포스트로 활용할 수 있는 장소나 이름을 붙일 만한 특색 있는 장소를 구석구석 탐색해야 한다. 탐색을 수행하여 아래와 같은 약도를 그린다. 아직까지 지명은 실제 지명을 사용하고 있다.

약도를 다 그렸으면 그것을 바탕으로 수련회에 사용될 지도를 만들게 된다. 이때 지도의 크기는 4절지 이상이면 좋다. 경험에 비추어보면 A3 사이즈가 가장 적절하지만 2절 정도의 크기로 해보는 것도 나름대로 재미가 있다.

종이가 마련되었으면 약도를 바탕으로 아기자기하고 재미있게 지도를 그린다. 지도를 그릴 때 가장 유의해야 할 점은 본래의 지명을 수련회 테마에

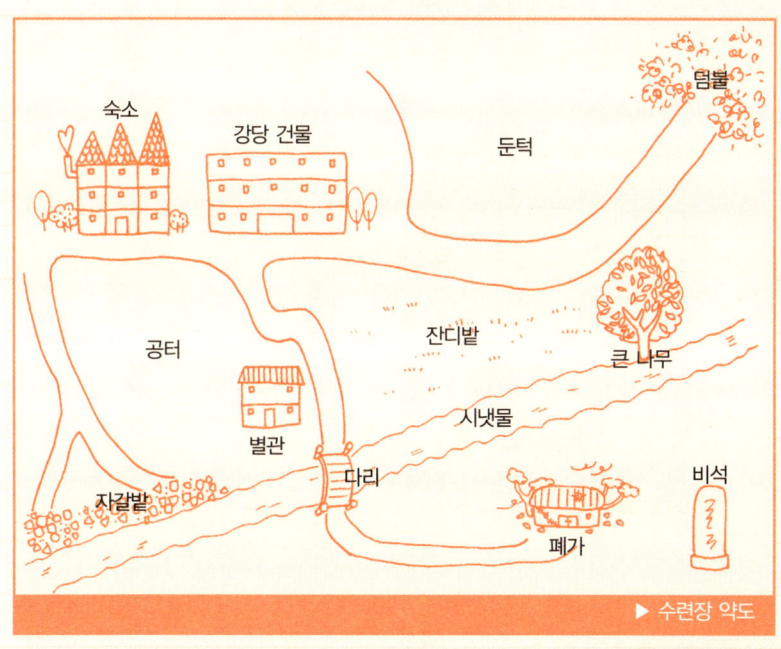

▶ 수련장 약도

적합한 지명으로 바꾸어야 한다는 것이다. (아래의 지도를 앞 장의 지도와 비교해 보라.)

한 가지 기억할 것은 우리가 함께 만드는 지도는 예시를 위해 간략하게 만들었다는 사실이다. 실제로는 더 복잡하고 아기자기하게 만드는 것이 좋다.

다 그린 후 가장자리를 불로 태우면 오래된 지도 분위기가 연출되어 더 그럴싸하다. 이제 돌돌 말아서 끈으로 묶으면 멋진 지도가 완성된다. 사소한 연출이 게임의 분위기를 배가시킨다는 사실을 잊지 않기를 바란다.

우리가 기획하는 여름수련회 "제자도 대탐험 여름모험캠프"는 탐험 무대가 문명이 발달하지 않은 미지의 섬이기 때문에 아래와 같이 이름을 붙였다. 이렇게 해서 수련회를 위한 지도가 완성되었다.

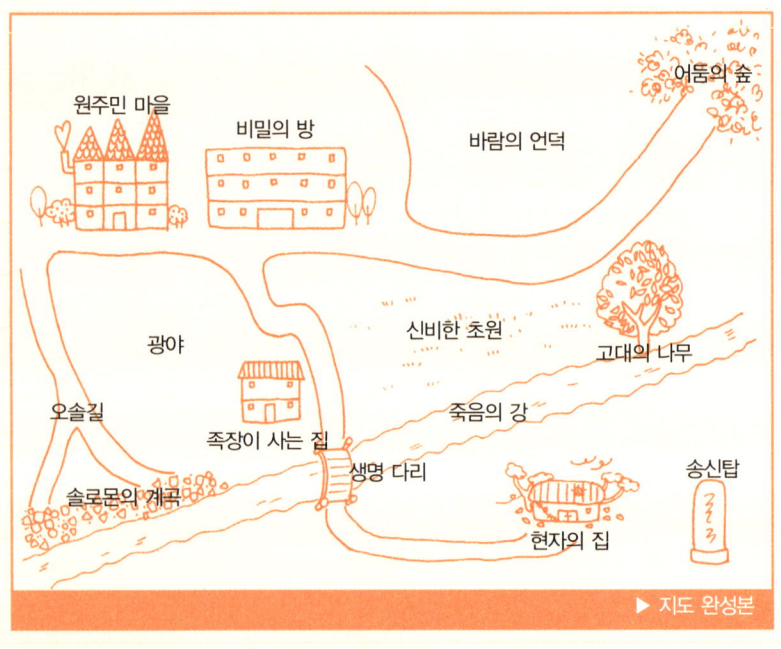

▶ 지도 완성본

❷ Q-Sheet

〈제자도 탐험대 Step1 탐험대 결성! – 제자도 탐험대 Step2 팀워크 다지기〉

시작시간	소요시간	진행	내용	담당자	Staff	준비물
	30분	테마 설명 및 주의사항 전달	1) 제자도라는 테마를 설명한다. 영상, PPT 혹은 구두로 설명한다. 2) 주의사항을 "제자도 수칙"이라는 이름으로 전달한다.			
	60분	탐험대 결성	1) 탐험대 편성 : 1개 탐험대를 7~10명 정도로 편성한다. 2) 탐험대 KIT 분배 및 설명 : 내용 설명 참조 3) 역할 분담 : 내용 설명 참조 4) 탐험대 이름 및 구호 만들기 5) 명찰 꾸미기 : 탐험대 이름, 본인 이름, 학년, 직책 등을 표기한다.			
	15분	탐험대 구호 발표 및 소개	1) 탐험대 구호를 발표한다; 2) 탐험대장이 나와 탐험대를 소개한다 : 제한 시간은 30초, 진행짓는 스톱워치로 시간을 잰다. 30초가 넘지 않는 한도에서 최대한 30초에 근접하게 시간을 사용해 소개한 다. 30초가 넘으면 땡하고 진행자가 뿅망치로 때린다. 발표자 등 뒤로 스톱워치 화면을 띄우면 더 좋다. 그러면 발표자를 제외한 모두가 시간을 볼 수 있어 구경하는 사람도 박진감이 넘친다.			
	45분	슈퍼 빙고	1) 슈퍼 빙고 룰 설명 : 6X6 빙고 5줄 맞추기 (단, 특별칸 빙고는 한 칸만 지워도 바로 빙고 (지정된 칸에 지정된 내용이 적힌 경우) 2) 빙고지 기록 3) 사회자가 내용을 부르며 진행(때로 각 조에게 기회를 줄 수 있다)			
	30분	연상 퀴즈	1) 게임 방법에 따라 진행한다.			
	180분	저후	1) 잘 꾸민 명찰 발견 시 포인트를 지급한다. 2) 명찰 미 착용 시 포인트를 뺏을 수 있다.			
총 소요 시간						

(a) 슈퍼 빙고 | 기본적으로 일반 빙고처럼 진행한다. 탐험대 별로 종이 한 장씩을 나눠주고 거기에 가로 여섯 칸 세로 여섯 칸의 표를 그려서 빙고판을 만들게 한다. 그리고 사회자가 빙고 주제를 알려주고 탐험대원들은 각자의 빙고판에 주제와 관련된 단어들을 채워 넣는다. 주제의 예를 들면 2006 월드컵 축구 우리나라 국가 대표선수 이름, 창세기에 나오는 인물, 올해 1~7월 개봉한 영화제목, 우리나라 광역시 이상의 도시 및 도 이름 등이다. 그 외에 다양하고 참신한 주제를 제시하면 게임의 즐거움은 커질 것이다. 모든 탐험대가 빙고판에 단어들을 빈칸 없이 적어 넣었는지 확인한다. 확인 후 사회자는 주제와 관련되는 단어를 하나씩 불러주고 각 탐험대는 일치하는 단어를 하나씩 지워 간다. 각 탐험대마다 가로 세로 대각선 다섯 줄을 지우고 먼저 '빙고'를 외치면 승리하게 된다.

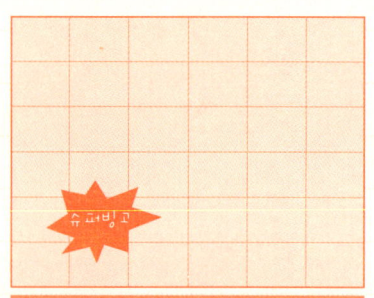

▶ 이렇게 슈퍼 빙고 칸이 뜨면 가슴이 두근거리기 시작한다!

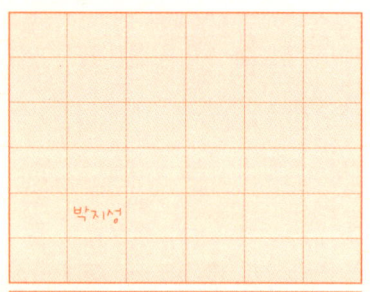

▶ 위에서 5번째, 왼쪽에서 2번째 칸에 박지성이 적혀 있는 탐험대는 슈퍼빙고!

여기까지는 일반적인 빙고의 게임 법칙에 대한 설명이다. 여기에 일발역전 슈퍼 빙고가 존재한다는 점이 게임의 재미를 더해 준다. 슈퍼 빙고란 사회자가 불러 주는 단어가 사회자가 지정해 준 칸에 있을 경우 그 한 칸만으로도 빙고가 성립하는 것을 말한다. 게임 초반에 부르지 않는 것은 사회자의 센스다.

(b) 연상 퀴즈 | 연상 퀴즈는 단어를 하나씩 보면서 각 단어들이 공통적으로 연상시키는 단어를 찾는 게임이다.

예를 들어 "시험지"라는 단어가 등장한다. 이 단어에 걸린 점수는 10점이다. 공통적으로 연상되는 단어를 찾아야 하기 때문에 이론적으로는 단어 하나만으로 답을 맞힐 수 없다. 그렇지만 요령이 생기면 한 번에 맞히기도 한다. 물론 찍는 것이지만 말이다. 이 때 맞히는 학생은 바로 영웅이 된다.

어쨌든 못 맞히면 다음 단어로 넘어 간다. 다음 단어는 "팔"이다. 여기서 맞히면 5점이다. 아직 생각이 나지 않으면 넘어간다. 다음 단어는 "돈"이고 4점이 걸렸다.

그렇다면 답은? 바로 "걸다"이다. "시험지를 걸다, 팔을 걸다, 돈을 걸다." 모두 "걸다"가 연결된다. 실제 문제에는 이런 식의 동사만 등장하는 것은 아니다. 아래 그림을 참조하라. 단, 게임을 진행할 때에는 점수를 제외하곤 전부 가려져 있어야 한다.

정답	걸다	과자	축구	기분
10P	시험지	새우	군대	좋다
5P	팔	꽃게	악마	나쁘다
4P	돈	호두	2002	눈물
3P	빨래	롯데	응원	삐짐
2P	길	봉지	브라질	우울
1P	함께	먹다	골	행복

2. 미스터리 탐험대 "이상한 섬의 제자들"

❶ **내용 설명** 각 포스트를 주어진 시간 안에 최대한 섭렵하여 총 16개의 열쇠와 6개의 보석을 찾는 게임이다. 3개의 열쇠를 찾으면 보석을 얻을 기회가 주어진다.

진행팀은 지도의 적당한 위치에 열쇠 상자를 설치한다. 열쇠는 스티커 모양으로 그것을 찾으면 게임판에 붙여 넣게 된다. 열쇠에는 고유 번호가 있어 해당 칸에만 붙일 수 있다.(열쇠 스티커는 라벨지를 이용하면 간단히 인쇄해 만들 수 있다.) 각 열쇠당 10점 보석 1개당 20점이 주어진다.(점수는 조정 가능) 열쇠와 보석을 모으는 방법, 그리고 게임판 설명은 아래 그림을 참조하라.

게임판 설명

- 1~16까지의 열쇠 스티커가 지도에 표시된 장소 곳곳에 숨겨져 있다.

- 열쇠 스티커를 찾으면 번호를 확인해 해당칸에 붙인다. 가로, 세로, 대각선으로 3개가 모이면 보물상자에 도전할 수 있다.

- 스티커 3개를 모아 도전할 때, 기존에 도전한 스티커 1개와 겹치는 것은 상관없다. 예를 들어 스티커 1, 2, 3을 모아 도전했는데 다시 7, 11을 모았다면 3과 함께 묶어 도전이 가능하다.

- 보물상자가 놓여진 곳은 지도에서 확인할 수 있다.

▶게임판 설명. PPT로 만들어 보여주면 좋다.

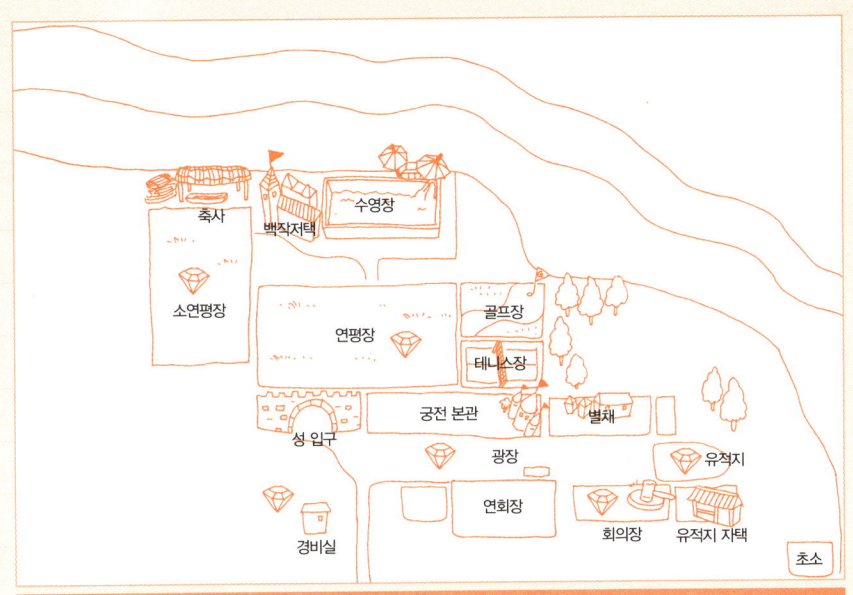

▶지도를 만들어 보석상자가 있는 곳을 표시하라

　게임판 아래 쪽을 보면 열쇠나 보석과는 관계가 없는 표가 보인다. 이 표는 미니 게임을 위한 표다.

　게임이 시작되어 아이들이 각 포스트들을 돌기 시작하면 숨어 있던 가짜 제자 캐릭터들이 등장을 한다. 가짜 캐릭터를 맡은 스텝은 딱 알아볼 수 있도록 코믹하게 분장을 해야 한다. 평소 근엄하셨던 목사님이나 전도사님 혹은 선생님께서 맡으시면 더 효과가 좋다.

　이 캐릭터들은 잠시 아이들 사이를 뛰어다니다가 사라지는데 그 때 카메라를 맡은 아이는 캐릭터를 촬영해야 한다. 카메라는 각 조마다 한 대씩만 허용된다. 촬영 부위에 따라 다른 점수가 주어진다.

❷ Q-Sheet

〈미스터리 탐험대 – 이상한 섬의 제작팀〉

시작시간	소요시간	진행	내용	Staff	준비물
	20분	게임 설명 및 지도 배부 출발	1) 게임 배경, 내용 설명 및 지도 배부		
	100분		- 지도 안에 숨겨진 열쇠와 보물을 많이 찾는 것이 이 게임의 목표 - 열쇠를 반으면 해당하는 칸에 붙인 후, 연속된 세 개가로, 세로, 대각선를 모으면 보물지기에게 도전할 수 있음. 연속된 지도에 개의 열쇠 중 하나는 이미 사용인 열쇠여도 가능함. - 보물지기가 있는 장소는 지도에 그려져 있음. 보물지기에게 도전하면 간단한 게임을 통해 보물을 획득할 수 있다. 패하면 보물을 가질 수 없음 - 게임 도중 나타나는 짝둥 악당 캐릭터를 촬영하면 캐릭터별, 부위별로 점수를 획득할 수 있다. - 모든 조는 종료 시간까지 집회실로 모여야 점수를 인정함(게임판 제출). - **열쇠는 한 번호당 1개만 붙일 것. 여러 개를 취하면 탈락.** 2) 카메라에 스티커를 부착한 후 일괄 출발(스티커가 붙어 있지 않는 카메라 촬영은 무효).		
	20분		코스 / 위치 / 인원 / 내용		
	140분	게임 진행	보석1 / 회의장 / 2명 (진행, 보조) / 1) 보석지기와 단체 가위바위보 승부 2) 세 번 승리한 사람에게 귀즈를 물어 지격을 줌 3) 귀즈를 풀면 보석 획득 4) 생존자가 없거나 생존자 중 아무도 귀즈를 풀지 못하면 실패		
			보석2 / 광장 / 2명 (진행, 보조) / 1) 보석지기와 탐험대 대표 2명 묵찌빠 2) 한 명이라도 승리시 전연 단체 귀즈를 풀 지격 / 3~4) 동일		
			보석3 / 경비실 / 2명 (진행, 보조) / 1) 대표 세 명 고개 돌리기 시합 2) 한 명이라도 승리시 전연 단체 귀즈를 풀 지격 / 3~4) 동일		
			보석4 / 소연병장 / 1명 / 1) 귀즈를 풀면 보물		
			보석5 / 연병장 / 1명 / 1) 귀즈를 풀면 보물		
			보석6 / 유작지 / 1명 / 1) 보석 1~5가지 모두 모은 후 귀즈 도전 / 2) 통과시 획득		
	20분	게임판 제출 (촬영 확인 도장)	1) 모든 조가 모이면 광고 후 조장만 남고 해산(조장은 카메라 지참) 2) 사진 출영 분 도장 포함 게임판 수거		
	140분	카등	점수 계산		

총 소요

3. 제자도 서바이벌 프로젝트 "누가 내 열매를 옮겼을까?"

❶ 내용 설명 "누가 내 열매를 옮겼을까?"는 치열하게 세상을 살아가는 주의 제자들이 무엇을 목표로 싸워야 하는가를 보여주는 게임이다. 총 아홉 가지 게임을 탐험대별로 진행하여 승리의 조건을 만족시키면 '열매 카드'를 받게 된다. 열매 카드는 성령의 아홉 가지 열매가 적혀 있는 카드다.

인원이 많은 교회에서는 '인내1', '인내2'와 같이 열매카드에 번호를 붙여 게임 포스트를 늘릴 수 있다. 아홉 개 게임 포스트 진행이 힘든 교회에서는 '자비-양선' 식으로 두 가지 열매를 묶어 포스트를 줄일 수 있다.

그럼 그림과 함께 게임 샘플을 살펴보기로 하자.

(a) 크레이지 워터 봄!(Crazy Water Bomb) | 여름 수련회의 하이라이트 물놀이! 물놀이의 짜릿함이 가득한 물폭탄 놀이를 소개한다. 던지고 피하는 기존의 게임 룰과는 반대로 조원들은 무조건 맞아야 점수를 얻는다. 그래서 이름하여 '크레이지 워터 봄!'

일단, 각 조에서는 물풍선을 던질 세 명을 뽑는다. 나머지 조원들은 함께 쪼그려 앉고 세 명의 조원은 5~8미터 정도 떨어져 선다. 그 세 명은 앞에 앉아 있는 조원들에게 물풍선을 하나씩 던지고, 물풍선이 조원들을 명중할 때마다 점수를 얻는다. 주어진 시간 안에 많은 점수를 획득한 조가 승리! 교사나 교역자를 맞추면 보너스 점수를 줄 수 있다. 또 보너스 타겟이 될 몇몇에게 재미있는 물안경을 씌울 수 있다. 물안경이 익살스러울수록 게임이 더 재미있

▶적극적으로 물풍선을 맞고 있는 조원들

어진다는 사실! 여학생들은 좀더 가까이에서 던지게 하는 것은 기본 매너다.

(b) 머리에 물통 달고 Go! Go! | 또 하나의 물놀이 야심작! 머리에 물통을 달고 쏟아 붓는 시원한 게임이다.

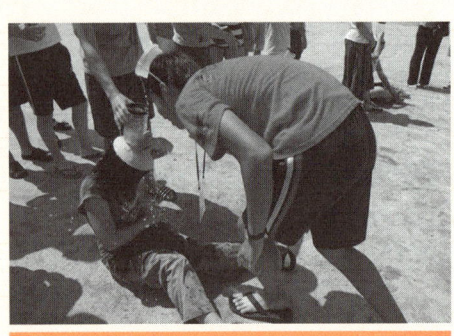
▶즐겁게 물을 채우고 있는 아이들.

조원들 중 A와 B 두 명을 뽑는다. 조원 A는 큰 컵을 자신의 머리에 얹는다. 그 컵에는 '여기까지 물을 채워야 한다'는 표시를 해 놓는다. 조원 B는 멀리 떨어져서 다른 팀원들에게 물을 채워주는 역할을 맡게 된다. 그리고 모든 다른 조원들은 조원 A 옆에 줄을 선다.

작은 컵(혹은 그릇)을 머리 위에 얹은 첫 번째 조원은 신호가 떨어지면 조원 B에게 뛰어가 그 컵(혹은 그릇)에 물을 채운다. 그리고 조원 A에게 다시 돌아와서 A의 머리 위에 있는 큰 컵(혹은 그릇)에 물을 붓는다. 그 후 작은 컵(혹은 그릇)을 다음 사람에게 넘기고 계속해서 같은 방식으로 릴레이를 한다. 먼저 A의 컵에 표시된 곳까지 물을 채우는 팀이 이긴다. 게임의 목적은? 물론, 모조리 젖는 것이다.

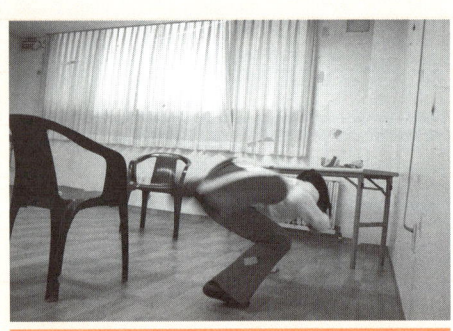
▶한 학생이 부비트랩 사이를 통과하고 있다.

(c) 미션 임파서블 | 방 하나를 정해서 사방 벽면과 기물을 이용하여 부비트랩을 설치한

다. 부비트랩은 다름 아닌 피아노선(혹은 낚싯줄)이다. 각 조 대표가 얼기설기 설치된 피아노선 사이사이를 통과하여 열매 카드를 가지고 무사히 조원들에게 돌아와야 한다.

(d) 격돌! 돼지 파이터 : 여왕을 지켜라! | 쭈그리고 앉은 상태에서 손을 장딴지 뒤쪽으로 돌려 X자로 발목을 잡는다. 그 상태에서 이동하면서 상대를 넘어뜨리거나 손이 풀리도록 하면 승리한다. 단! 승리는 왕관을 쓰고 있는 여왕 돼지를 쓰러뜨려야만 얻을 수 있

▶링 안에서 게임을 하고 있는 아이들

다. 사진처럼 링을 만들면 한층 박진감 넘치는 게임을 즐길 수 있다.

(e) 역전, 고무보트 대질주 | 여름엔 그저 물에 들어가기만 해도 즐겁다. 거기에 그럴싸한 보트 한 대 있다면 금상첨화. 보트를 띄울 공간만 있다면 고무보트를 이용한 다양한 놀이가 가능하다.

두 대 이상의 보트라면 정해진 구간을 돌아오는 릴레이

▶고무보트에 올라타 게임을 준비하고 있는 아이들

경주로, 한 대 이상이 힘들다면 정해진 시간 안에 들어오는 솔로 경주를 진행하면 된다.

보트 안에 최대한 많은 인원이 타도록 하는 겨루기도 가능하다. 예산이 문제라면 걱정 마시라! 도매 시장을 알아보면 저렴한 가격에 나온 고무보트가 많다. 만일 그것도 부담이 된다면, 다른 부서와 공동 출자를 하거나 사용 후 중고로 판매하는 방법을 생각할 수도 있다.

▶재미있게 꾸민 오뚝이들

(f) 으랏차차 넉다운(Knock-Down) | 재미있게 꾸민 오뚝이를 콩 주머니 등을 이용하여 쓰러뜨리는 간단한 게임이지만, 의외로 중독성(?)을 발휘한다.

오뚝이별로 다른 점수를 부여하거나 한 줄을 몽땅 맞추면 추가 점수를 주는 방식으로 게임을 응용할 수 있다.

나무판과 경첩, 옷장을 이용해 간단하게 제작할 수 있다. 옷장의 가로 칸막이에 나무 조각을 경첩으로 고정시키고 오뚝이 그림을 붙이면 끝. 이제 뭔가를 던지는 일만 남았다.

▶한 아이가 과녁을 향해 조준하고 있다.

(9) 나는야 로빈 훗! | 장난감 활을 이용한 양궁 게임. 폼보드와 색지, 아스텔지를 이용

하여 과녁을 만들고 시중에서 쉽게 구할 수 있는 일명 '뽁뽁이 활'을 사용한다. 아주 저렴한 가격에 재미있는 게임을 즐길 수 있다.

　간혹 화살의 성능에 문제를 제기하는 분들이 있다. 화살이 안 붙는 경우는 대부분 과녁의 문제다. 최대한 유리에 가까운 재질로 과녁을 만드는 것이 좋다. 때로 쏘는 요령에 따라 잘 붙기도 하고 그렇지 않기도 하니 여러 가지로 시험해 보자.

(h) 마이클 조던의 꿈 | 언제해도 질리지 않는 미니 농구 게임이다. 방법은? 모두들 알기에 패스~

▶여학생이 링을 향해 공을 던질 준비를 하고 있다..

(i) 찰싹! 문어총 | 빨대와 휴지를 이용해 상대방 얼굴에 더 많은 흔적을 남기기를 겨루는 게임이다. 젖은 휴지를 빨대 앞쪽이 아니라 뒤쪽(입대는 쪽)에 넣는 것이 게임의 노하우. 물론 휴지가 너무 커서 빨대를 막지 않도록 해야 한다.

　원래 게임은 휴지를 입안에 넣고 적셔서 바로 쏘는 것이지만, 빗발치는 항의가 무섭다면 물 컵을 준비하는 것이 좋겠다.

▶빨대를 열심히 불고 있다.

*「수련회 카운터 펀치를 날리다」(BIM/이재욱 저) 중에서 일부 발췌, 수정.

세계를 품는 그리스도의 청소년

청소년 시절에 보다 넓은 세상을 직접 보는 일이야말로 아이의 미래를 바꿀 수 있는 중대한 경험이다. 그래서 청소년 사역 중반을 넘어서면서부터 매년 '해외 비전 트립'을 계획해서 실행했다.

비전 트립은 말 그대로 여행이다. 단기 선교와는 그 성격이 다르다. 단기 선교는 직접적으로 선교에 도전을 주는 일이다. 반면 비전 트립은 청소년들에게 국제적 경험을 통해 간접적으로 선교적 도전을 주는 것과 동시에, 미래에 대한 넓은 시야를 제공하는 행사이다.

일단 비전 트립 참가자는 모두 무료로 가는 것을 원칙으로 한다. 단, 엄격한 선발 과정을 거친다. 선발 과정에 대한 자세한 내용은 뒤에 예시된 안내문을 통해 살펴보기 바란다.

엄격한 선발 과정을 거쳐 보통 일곱에서 열 명 정도 선발한다. 교역자와 교사 두 명을 포함하면 열에서 열세 명이 총인원이 된다. 그 이상 되면 현지에서 이동하는 것이 어려워지고 공동체성도 희석이 된다.

일정은 현지 선교사님들과 조정해 단기선교가 아닌 많이 보고 경험하는 여행 일정으로 편성할 수 있다. 여의치 않으면 직접 자유 여행을 계획하거나 아예 여행사와 상의해 패키지여행을 계획할 수도 있다.

비전 트립은 자칫 놀러가는 거 아니냐는 오해를 불러일으킬 수 있다. 그래서 분명한 목표와 목적이 있음을 알리는 것이 중요하다.

일정 중에 가장 중요한 시간은 저녁 시간이다. 하루 여행이 끝나면 반드시 하루 일정에 대한 소감을 나누고 함께 기도하는 시간을 가져야 한다.

소감을 나누는 시간에는 일단 보고 듣고 느낀 바를 그대로 나눈다. 그리고 인도자가 그러한 경험들을 신앙적 안목으로 간략하게 재해석해 주는 작업이 필요하다. 이러한 과정이 설교처럼 되어서는 안 된다는 점을 주의해야 한다. 자연스런 나눔이어야 한다.

이 시간에 생각 못한 간증들이 많이 나온다. 한 번은 한 남자 아이가 "저는 … 이번 기회가 저에게 있어 새로운 시작의 기회라고 생각해요" 하더니 우는 바람에 모두가 눈물짓기도 했다.

나눔 후에는 기도를 한다. 공동의 기도제목을 나누고 기도하기도 하고, 한 명씩 앞으로 불러내어 개인적인 기도제목을 나누고 함께 손을 얹고 기도하기도 한다. 소수의 인원이 오랜 시간 함께하기 때문에 이렇게 서로를 위해 기도하는 동안 눈물을 보이지 않는 아이들이 없을 정도다. 비전 트립은 오늘처럼 세계를 살아가는 청소년들에게 꼭 필요한 훈련이다.

문제는 이 인원이 가는 예산을 어떻게 충당하느냐 하는 것인데, 보통 교회 중고등부에 그만한 예산이 편성될 리 만무하기 때문이다. 나는 세 가지 방법으로 충당했다.

첫째, 학생들이 먼저 헌금한다.

학생들 스스로가 친구들을 보내주는 일에 동참하는 것이다. 이것은 또 다른 섬김의 훈련이기도 하다. 그리고 학생들이 먼저 움직여

▶아이들의 시야를 넓혀주었던 북경 비전트립

야 그 다음 다른 분들의 후원을 구할 수 있다.

둘째, 교사와 학부모가 헌금한다.

다음은 교사와 학부모다. 학부모 간담회를 이용해서 비전 트립에 대해 잘 설명하는 것이다. 뜻 있는 학부모님들의 동참을 구할 수 있다.

셋째, 교회 주보나 장년 예배 광고 시간을 통해 전 교인의 동참을 구한다.

교회에는 중고등부 비전 트립 말고도 도와야 할 일이 아주 많다. 그러나 분명한 목적과 의지가 잘 홍보되면, 분명히 힘이 되어주시는 분들이 나타난다.

후원을 독려하기 위해 사랑의 온도계 같은 비전헌금 온도계를 설치해서 행사를 알리고, 상황을 전하는 것도 좋은 방법이다.

간혹 음악회나 바자회를 통해 모금하는 경우도 봤지만, 아무래도 전적으로 헌신하고 헌금한다는 면이 퇴색되는 것이 사실이다. 그래서 헌금 외에 다른 방법을 택해 본 적이 없었고, 헌금으로도 비용이 다 충당되었다.

경험으로 비추어 보건데 비전 트립은 이것저것 생각하고 주저하면 절대로 시행할 수가 없다. 일단 시작해야 한다. 시작해서 진행하다보면 알게 되고 깨닫게 되고, 은혜를 경험하게 된다.

2007 Vision Trip 안내문

샬롬! 사랑하는 학부모님들께 그리스도의 이름으로 문안합니다. 귀 가정에 하나님의 깊은 은혜와 평화가 함께하시길 소원합니다. 이번 여름 방학 기간 중고등부에서는 '세계를 품는 그리스도의 청소년'이라는 주제로 중국으로의 비전 여행을 갖게 되었습니다. 비전 여행의 개요는 아래와 같습니다.

일정 : 8/10(금)-15(수) 5박 6일 (세부일정 추후 통보)
     상해, 소주, 항주 지역 역사 유적지, 선교지 탐방. 현지 청소년 및 유학생과 교류.
     전 일정 소주한인연합교회에서 차량 및 가이드(선교사) 제공.
참가인원 : 학생 10명 / 교사 2명
지원자격 : 6개월 이상 출석한 학생 중 신청자를 받아 평가 기준에 따라 순위대로 선별
평가기준 : 1) 주일출석 - 20%
        2) 매일 신약성경 1장 읽기, 매일 15분 기도하기 실천 - 20%
        3) 비전 여행 훈련 참석 - 15%
        4) 에베소서 쓰기(6월 10일 제출) - 20%
        5) 천로역정 독후감 쓰기(6월 10일 제출) - 10%
        6) 행사 참여도 및 교사 평가 - 15%
        7) 여름수련회 불참자는 점수와 관계없이 탈락됩니다.
참가비용 : 없음 (전액 지원 / 여권 및 비자 발급 비용은 각자 부담)

청소년 시기에는 본 만큼 성장합니다. 21세기는 아시아의 시대입니다. 이 시대 우리 아이들이 아시아와 세계를 품는 귀한 하나님의 도구로 사용되길 원합니다. 우리 세대가 보지 못한 세계를 10대의 나이에 경험하는 아이들에게서 가슴 벅찬 미래를 기대합니다. 아무쪼록 부모님들의 넓은 이해와 사랑으로 아이들이 이번 행사에 참여할 수 있도록 독려해 주시기를 부탁드립니다.

-------- 절취선 --------

중국(상해/소주/항주) 비전 여행 지원서

학생 이름 :   학년 :   순(교회반):
부모님 : 위 학생의 중국 비전 여행 참가 지원을 허락합니다.
학 생 : 향후 훈련 일정을 성실히 수행할 것을 서약합니다.

                                          보호자 :   (인)
                                          학 생 :   (인)

비전 트립 선발 학생 및 학부모님을 위한 안내문

샬롬! 귀 가정에 하나님께서 주시는 크신 사랑과 은혜가 넘치길 기도드립니다. 아시는 바와 같이 귀 댁 자녀가 비전 트립 참가자로 선발되었기에 이후 일정과 당부 사항에 대하여 아래와 같이 공지해 드립니다.

❶ 일정표 (현지 사정에 따라 약간의 변동 가능)

	8월 9일(목)	10일(금)	11일(토)
오전	6:00 교회 집결 (인천공항으로 출발 08:55 중국동방항공) 현지 시각 9:30 상해포동공항 도착	아침 경건회 상해 임시정부, 홍구 공원 탐방	아침 경건회 소주지역 비전 트립
오후	포동과 와이탄 비전트립	시장 탐방 소주로 이동 (2시간 30분 소요)	이슬람 사원 졸정원, 호구탑 (두 곳 모두 입장료)
저녁	전망대에서 야경 관람 나눔과 기도 취침(게스트하우스)	철야예배 참석 (저녁 8~10시) 나눔과 기도 취침(소주대 기숙사)	소주대학 및 시내 노방사역 야간 유람선 나눔과 기도 취침(소주대 기숙사)
	12일(주일)	13일(월)	14일(화)
오전	09:00 한인연합교회 고등부예배 참석 유학생들과 교제	아침 경건회 항주로 이동 (2시간 30분 소요)	아침 경건회 짐정리
오후	현지 교회 탐방	서호, 용정차밭	공항으로 이동
저녁	자유시간 나눔과 기도 취침(소주대 기숙사)	소주로 이동 (2시간 30분 소요) 나눔과 기도 취침 (소주대 기숙사)	한국 시간 20:15 인천국제공항 도착

❷ 당부의 말씀

1) mp3 및 휴대폰, 기타 오락기구 지참은 일체 금지됩니다.
2) 용돈 5만 원 이상(중국 돈 약 380원)은 지참을 금지합니다.
   : 항공료, 숙박비, 간식, 입장료, 보험까지 모든 소요비용이 지원됨으로 학생이 현지에서 추가적으로 부담해야 하는 금액이 전혀 없습니다.
3) 간단한 기념품 외 선물 구입도 금지됩니다.
4) 여름수련회에 참석하지 않으면 비전 트립 참석 자격이 상실 됩니다.

❸ 기도제목

1) 아이들의 안전과 건강을 위하여
2) 아이들이 세계를 품는 그리스도인의 비전을 품을 수 있도록
3) 현지에서 좋은 만남 허락되도록
4) 인솔 교역자와 교사를 위한 기도를 부탁드립니다.

마지막으로, 이번 비전 트립을 위해 많은 학생, 교사, 성도, 학부모들이 본인이나 자녀의 참석여부와 무관하게 비전헌금을 해 주셨습니다. 혹 아직 동참치 못하셨다면 꼭 비전헌금에 동참해 주시길 부탁드립니다. 금액은 무관하고, 무기명으로 하셔도 상관없습니다. 중요한 것은 한 분이라도 더 많은 분들이 기도하고 후원하는 것입니다.

　이번 비전 트립을 통해 귀 댁의 자녀에게 일어날 변화를 확신합니다. 계속적인 기도 부탁드립니다. 늘 좋은 소식으로 찾아뵙겠습니다.

2007. 7. 15

중고등부 지도 이재욱 목사
부장 한병지 집사 드림

수련회 후속 프로그램 및 다양한 형태의 공동체 훈련

많은 사람들이 효과적인 수련회 후속 프로그램에 대해 묻곤 한다. 그럴 때마다 나는 수련회를 잘하는 것이 가장 효과적인 후속 프로그램이라고 말한다. 무슨 말인가 하면, 수련회를 통해 진정한 관계의 회복이 일어나면 특정 프로그램을 진행하지 않아도 저절로 일이 일어난다는 말이다.

수련회에서 아이들간의 관계가 회복되면 두드러지게 나타나는 현상 중 하나가 아이들이 교회에 머무르는 시간이 많아진다는 것이다. 무슨 프로그램이 있어서가 아니다. 그저 함께 있는 것이 기쁘고 즐겁기 때문이다. 우리가 친구를 만날 때 무슨 프로그램을 짜서 만나는가? 만나서 함께 방바닥을 굴러다닐지라도 좋은 것이다. 친구이기 때문이다. 이런 관계의 기쁨은 저절로 전도와 연결된다.

굳이 수련회 후속 프로그램이다 하고 만들지 않아도 이런 분위기 속에서 평소에 하던 대로 말씀을 나누고, 심방하고, 전도하고, 봉사하면 된다.

▶제자들과의 도심여행, 종로경찰박물관에서

다만 후속 기도회는 갖는 것이 좋다. 수련회를 통해 회복된 기도의 문이 열려 있게 하기 위해서다. 내 경우에는 교사들과 학생들이 함께하는 특별새벽기도회를 진행하곤 했다. 물론 교회에서 자체적으로 특별새벽기도회 기간이 강조될 경우에는 그 시간을 활용해도 좋다.

새벽기도회를 독려해서 함께하고, 기도회 후에는 간단한 식사도 함께 나누면 더할 나위 없이 좋은 프로그램이 된다. 방학 기간이 끝난 후에 새벽기도가 있는 경우에는 식사 후에 아이들을 학교에 바래다주기도 했다. 아침에 아이들의 등교길을 함께해 본 적이 있는가? 얼마나 신선(?)한지 모른다. 아이들과의 친밀도도 급상승한다.

이 새벽기도회를 통해 아이들 가운데 많은 기도 응답의 간증이 생긴다. 아이들에게 기도를 가르치는 가장 좋은 방법은 기도를 하게 하는 것임을 잊지 말라. 그리고 기도의 간증이 있는 아이들은 여간해서 믿음이 흔들리지 않는다.

수련회나 비전트립 같은 굵직한 행사 외에도 놀토나 공휴일, 방학 등을 이용한 다양한 공동체 훈련을 시행할 수 있다. 가까운 산에 놀러 가거나 기차 여행, 또는 1박2일 바다여행도 해볼 만하다. 꼭 어디에 가지 않아도 교회에서 1박을 하는 알찬 일정을 짜볼 수도 있다. 형태에 얽매이지 않는 다양한 공동체 훈련을 계획하고 시도해 보기 바란다.

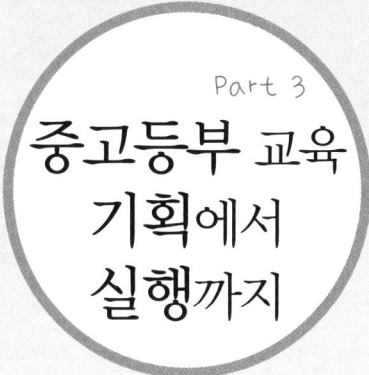

Part 3
중고등부 교육
기획에서
실행까지

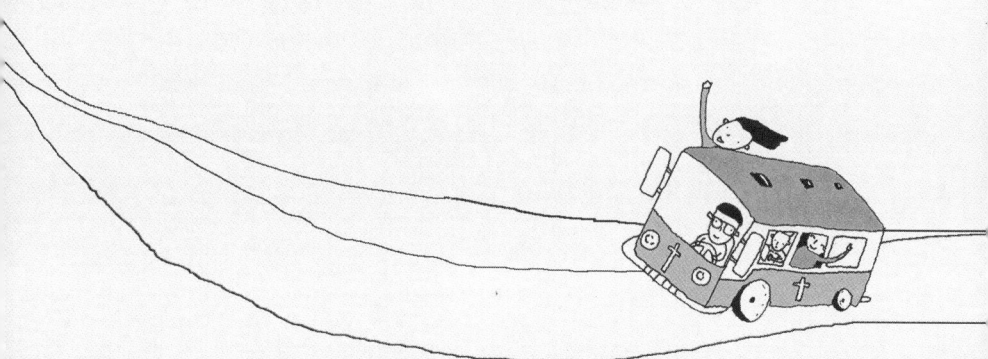

chapter 12.
2년 사역의 밑그림 그리기

여기서는 사역 기간을 구체적으로 2년으로 상정할 때, 적용할 수 있는 실제적인 스케줄을 요약해 보려고 한다. 2년 사역의 전체적인 그림을 조망하고, 사역의 강조점을 부각시키기 위한 작업이다. 반드시 2부를 숙지하신 후에 살펴보기 바란다. 2부에서 언급하지 못한 몇 가지 사소한 소스들도 실어 놓았다.

1년 차 : 팀워크를 만들라

1년 차는 교사, 학생들과 돈독한 관계를 쌓고, 사람과 부서를 알아가는 데 집중해야 하는 시간이다. 1년 차에서 잘 준비하고 파악해야 연말에 좋은 조직과 프로그램들을 기획해 낼 수 있다.

1년 차가 준비하는 시간이라고 해서 구체적인 열매들이 없는 시기는 결코 아니다. 차근차근 관계를 다져가고, 중요한 프로그램들을 정비해가면 생각지 못한 많은 변화들을 경험할 수 있다. 특별히 그간 침체를 겪고 있던 중고등부라면, 1년 차부터 눈에 띄는 변화를 경험하게 되는 경우가 많다.

1. 1, 2월(1-2개월 차)

이 시기에는 중점적으로 학생, 교사의 명단을 무조건 암기해야 한다. 무엇보다 관계를 형성하는 것이 우선 되어야 한다는 것을 기억하라. 얼굴을 익히고 친해지기 위해서 아이들을 보면 무조건 인사하고 친한 척을 하자. 혹 핍박(?)을 당하더라도 절대 포기하지 말라. 그리고 주일 예배 전과 공과공부 시간 후는 아이들을 만날 수 있는 절호의 기회임으로 놓치지 말아야 한다.

이 시기에 아이들과 얼굴을 익히고 친해지지 않으면 신학기 학교심방을 거절당할 수도 있다. 특히 임원들을 집중 공략하여 그들과의 관계를 만들어가는 것이 좋다.

이 시기에 주요행사는 겨울 수련회와 임원 수련회, 교사 M.T.와 특별 새벽기도회 정도를 기획해 볼 수 있다.

1년 차 여름에 비전 트립을 계획하고 있다면 1월부터 비전 트립 관련 업무를 진행해야 할 것이다. 비전 트립에 참여할 학생을 선발하고 홍보와 안내를 시작해야 한다. 그리고 현지 선교사님과 연락하여 스케줄을 확정하고 항공권 및 여권 확인 등 비전 트립과 관련된 일을 시작한다. 이 일은 타이밍을 놓치면 수습이 불가하기에 미리미리 준비해야 한다.

그리고 사역을 하는 기간 동안 아이들의 생일은 절대 잊지 않고 챙겨줘야 한다.

2. 3, 4, 5월(3-5개월 차)

아이들이 개학을 하는 시기이다. 3, 4, 5월은 본격적인 심방의 계절이라 해도 무방할 것이다. 신학기를 맞아 학교, 학원 심방과 전도에 집중해야 한다. 아이들이 다니는 학교와 학원이 내 바닥이 될 정도로, 학교 앞 분식점이 단골이 될 정도로 아이들을 찾아다녀야 한다. 교회에 출석하고 있는 아이뿐 아니라 그 친구들까지 친숙해 지도록 노력하자.

여기서 하나의 노하우를 알려주자면 아이들에게 먹을 것을 사주는 일에는 아낌없이 써야 한다. 단, 카드빚은 절대 지면 안 된다. 그리고 학교 앞에 단골집을 만들면 뜻밖의 수확도 있을 수 있다. 한번은 잘 가는 피자집 사장님에게 할인 부탁을 드렸더니 할인 대신 교회에 피자 120판을 주신 감사한 경험도 있다. 단, 너무 과도하게 할인을 하려거나 혜택을 받으려고 한다면 전도에 지장이 있을 것이다.

그리고 앞서 2부에서 언급한 것처럼 시험기간이 되면 아이들이 다니는 독서실과 학원 등을 찾아가서 아이들과 짧은 시간이라도 이야기를 나누고 위로하고 관심을 가져주는 것이 좋다.

뿐만 아니라 교사들에게도 관심을 가져야 할 시기이다. 교사들을 심방하여 그들의 영혼을 돌아보고 격려하고 아이들의 영혼 사랑에 대한 도전을 심어주어라.

이 시기에는 친구 초청 잔치를 기획하여 진행하는 것이 좋다. 아이들이 학기 중에 만나는 친구들을 교회로 인도할 수 있는 전도의 기회를 열어주라.

3. 6월(6개월 차)

이 시기에는 1차 제자훈련을 중점 사역으로 정하고 움직인다. 제자훈련을 통해 학생 리더를 길러내라. 학생 리더들은 앞으로의 사역에 있어서 정말 귀한 동역자가 될 수 있다. 제자훈련이 시작되면 훈련에 참여하는 학생들이 시간과 물질 등에 있어서 사역의 절반이라고 생각해야 한다.

그리고 학부모님들을 초청하여 함께 예배하고 간담회를 가지기에 적절한 시기이다.

4. 7, 8월(7-8개월 차)

뜨거운 은혜의 계절, 여름이 왔다. 이 시기에는 여름 수련회와 비전 트립에 집중해야 한다. 체력은 국력이므로 여름 전에 체력을 길러놓는 것이 좋다. 아무리 좋은 일이라 해도 체력이 없으면 할 수 없다.

이번 수련회가 실패한다면 다음 수련회부터는 아이들이 오지 않는다는 생각을 가지고 수련회를 위해 간절히 기도하고 준비하라. 수련회로 아이들의 삶을 확 뒤집어 놓아야 한다.

그리고 1개월 차부터 꾸준히 해 온 비전 트립이 드디어 눈앞에 다가왔다. 아이들이 하나님의 희망을 품고 세상을 바라보는 눈이 자라날 수 있도록 기도하고 준비하고 실행하라!

〈1년차 일정 요약〉

월	개월	중점 사역 내용	미션	주요행사
1	1	1. 학생, 교사 명단 무조건 암기, 얼굴 익히기, 친해지기	1. 아이들 보면 무조건 인사하기, 친한 척 하기 : 핍박(?) 당하더라도 결코 포기하지 말 것 2. 주일 예배 전, 공과 후는 절호의 기회 무조건 아이들을 많이 만나기	- 겨울 수련회 - 교사 M.T. - 특별새벽기도회 - 임원 수련회
2	2			
3	3	1. 봄 학교, 학원 집중 심방, 전도 2. 시험기간 위로 심방 3. 교사 심방	1. 학교, 학원을 내 바닥으로 만들기 2. 학교 앞 분식점 단골 만들기	- 친구 초청 잔치
4	4			
5	5			
6	6	1. 1차 제자훈련	1. 제자훈련을 통해 학생 리더를 길러내기	- 학부모 초청 예배 및 간담회
7	7	1. 여름 수련회 2. 비전 트립	1. 수련회로 확 뒤집어라. 2. 비전 트립으로 희망을 쏘다.	- 여름 수련회 - 비전 트립
8	8			
9	9	1. 가을 학교, 학원 집중 심방, 전도 2. 시험기간 위로 심방 3. 학생 가정 심방	1. 분식점에 계속 출근도장 찍기 2. 학교 수위 아저씨와 친해지기 3. 학부모님과 친해지기	- 반별 M.T.
10	10			
11	11	1. 학생 새 임원 선출 2. 내년도 교사 확보	1. 드림팀, 학생 임원단을 구성하라	- 친구초청잔치 - 수험생을 위한 기도 - 수능 뒤풀이
12	12	1. 부서 조직 및 운영 기획	1. 전도 중심의 반 편성하기 2. 교사 상호 관리가 가능한 교사회를 조직하기	- 크리스마스 행사 - 졸업여행

5. 9, 10월(9-10개월 차)

방학이 끝나고 아이들이 학교로 다시 돌아가는 시기이다. 1학기와 마찬가지로 2학기에도 아이들의 학교와 학원을 심방하고 전도하는 일을 중점적으로 한다. 그리고 여름 수련회와 비전 트립 가운데 받은 은혜를 가지고 일상을 살아가도록 아이들을 격려한다.

2학기는 학교 별 시험 스케줄이 줄줄이 계속되는 경우가 많으므로 아이들 관리를 철저히 하라.

그리고 아이들의 가정을 심방하는 일도 이 시기 즈음이 적절하다. 아이들의 집을 찾아가 학부모님과 관계를 만들고 부모님과 아이들 사이에서의 다리 역할을 잘 수행한다.

반별 M.T. 시간을 기획하여 가지는 것도 좋다.

6. 11월(11개월 차)

새로운 임원을 선출하는 시기이다. 드림팀, 학생 임원단을 구성하라. 그리고 내년도 교사확보를 위해 뛰어야 하는데 교사 섭외에는 인맥을 총동원해야 한다. 조금이라도 가능성이 있는 사람은 무조건 만나보라.

그리고 이 시기에는 2학기 친구 초청 잔치를 기획하여 2학기에도 아이들에게 전도의 장을 열어주는 것이 좋다.

11월에 수능시험을 보는 수험생을 위한 기도회와 수능 시험이 끝난 뒤 수고한 학생들을 위한 뒤풀이를 기획한다.

7. 12월(12개월 차)

12월은 눈 깜짝할 사이에 지나가므로 정신을 바짝 차려야 한다. 이 시기에는 부서 조직과 운영을 기획한다. 내년도 사역의 방향을 잡고 그 방향에 맞는 기획안들이 나와야 할 것이다.

반편성을 할 때 전도 중심의 반편성을 하는 것이 좋다. 그리고 교사 간에 상호 관리가 가능한 교사회를 조직하라.

이 시기에는 크리스마스 행사를 기획하여 진행하는 것이 좋다. 크리스마스 행사를 통해 아이들이 한마음으로 준비하고 자신들의 은사를 발견 할 수 있는 장을 열어주어라. 그리고 졸업하는 학생들을 위해 졸업 여행을 기획해 보라.

2년 차 : 사역의 집중력을 높여라

2년 차는 새로운 사역을 벌이는 시기가 아니라, 그간 다져놓은 팀워크와 사역 기반을 극대화해서 집중적인 사역을 하는 시기이다. 사역의 내용을 크게 변화시키지 않아도 된다. 전년도에 기초를 놓은 사역에 집중력을 높여가야 한다.

1. 1, 2월(13-14개월 차)

앞서 말한 것처럼 사역 2년 차는 1년 차와 비교했을 때 사역의 세부적인 내용은 크게 변화되지 않는다.

이 시기에는 새로 올라온 신입생 및 신입 교사와의 친밀한 관계를 만들어 가는 것이 필요하다. 신입생들이 중고등부의 낯선 환경에 적응하고 공동체 안에 스며들 수 있도록 하기위해서는 무엇보다 사역자와 교사의 관심이 필요하다. 하나의 방법으로 신입생 환영회를 가져보라.

교사들 또한 빠른 시간 안에 환경에 적응하고 사역에 집중할 수 있도록 도와야 한다. 교사 M.T.를 통해 사역에 대한 목표를 함께 설정하고 한 마음으로 사역에 임할 수 있도록 준비하는 시간을 가지는 것이 좋다.

모든 아이들에게 무조건 인사하고 말을 걸어라. 주일에 부지런히 인사하고 이야기를 나누면 평일 심방의 부족한 부분을 메울 수 있다. 절대 그냥 앉아 있지 말고 움직여라. 이것은 사역 기간 동안 계속 잊지 말아야 할 노하우다.

이 시기에 2차 제자훈련을 시행하는 것이 좋다. 한 해가 새롭게 시작되고 기존에 섬기던 학생들이 졸업을 하고 신입생들이 올라왔다. 제자훈련을 통해 새로운 헌신자를 세워라.

겨울 방학 기간이므로 1박 2일 정도의 일정으로 겨울 수련회를 가지거나 신년 특별 새벽기도회를 할 수도 있다. 또 새롭게 세워진 임원들과 수련회를 가지는 것이 좋다. 1년차와 같이 이때부터 비전 트립과 관련된 업무들을 준비해야 한다.

2, 3, 4, 5월(15-17개월 차)

신학기가 시작되고 심방의 계절이 돌아왔다. 아이들이 다니는 학교와 학원을 집중적으로 심방, 전도하고 시험기간이 되면 위로 심방을 하라. 이때 1년 차와 달라진 점이 있다면 학생 임원들과 연합하여 심방, 전도 작전을 펼칠 수 있다는 것이다. 학생회장을 중심으로 한 임원 및 학생 연락망을 구성해 놓으면 언제 어느 때든지 인력 동원이 가능해 진다.

또 꾸준히 학생 가정을 심방하여 학부모님과 좋은 관계를 형성하라. 물론 새로운 학생들의 가정을 방문하는 것은 필수적이다. 학부모님과 아이들 사이에서 다리 역할이 청소년 사역자의 역할 중 하나라는 것을 기억하라.

그리고 이 시기에 친구 초청 잔치를 하는 것이 좋다.

3. 6월(18개월 차)
6월은 1년 차와 마찬가지로 시험기간을 피한 달이므로 3차 제자훈련을 통해 학생 리더를 길러내고 학부모님을 초청하여 함께 예배드리고 간담회를 가지기에 적절한 시기이다.

4. 7, 8월(19-20개월 차)
수련회와 비전 트립의 계절이 돌아왔다. 1년 차와 마찬가지로 여름 수련회와 비전 트립에 집중하라. 그리고 수련회 진행의 일부를 아이들에게 맡겨보는 것도 좋다. 학생 리더들이 주인의식을 가지고 수련회에 참여하고 다른 학생들을 독려할 수 있도록 하라.

5. 9, 10월(21-22개월 차)
이제 얼마 남지 않았으니 후회 없이 아이들을 찾아가자. 1년 차와 마찬가지로 2학기를 맞은 아이들의 학교, 학원 등을 찾아가 심방하고

〈2년차 일정 요약〉

월	개월	중점 사역 내용	미션	주요행사 & 하면 좋은 행사
1	13	1. 신입생 및 신입 교사와 친해지기 2. 2차 제자 훈련	1. 무조건 인사하기, 말 걸기. 2. 제자 훈련을 통해 새로운 헌신자를 세워라.	- 신입생 환영회 - 겨울 수련회 - 교사 M.T. - 특별새벽기도회 - 임원 수련회
2	14			
3	15	1. 봄 학교, 학원 집중 심방, 전도 2. 시험기간 위로 심방 3. 교사 심방 4. 학생 가정 심방	1. 학생 임원들과 연합 심방, 전도 작전을 펼쳐라 2. 학부모님과 친해지기	- 친구 초청 잔치
4	16			
5	17			
6	18	1. 3차 제자훈련	1. 제자훈련을 통해 학생 리더를 길러내라	- 학부모 초청 예배 및 간담회
7	19	1. 여름 수련회 2. 비전 트립	1. 수련회로 확 뒤집어라. 2. 비전 트립으로 희망을 쏘다.	- 여름 수련회 - 비전 트립
8	20			
9	21	1. 가을 학교, 학원 집중 심방, 전도 2. 시험기간 위로 심방	1. 분식점에 계속 출근도장 찍기 2. 학교 수위실 출근 도장 찍기	- 반별 M.T.
10	22			
11	23	1. 학생 새 임원 선출 2. 내년도 교사 확보	1. 드림팀, 학생 임원단을 구성하라 2. 교사를 확보하라	- 친구초청잔치 - 수험생을 위한 기도 - 수능 뒤풀이
12	24	1. 부서 조직 및 운영 기획 2. 사역 인수인계	1. 전도 중심의 반 편성을 하라 2. 교사 상호 관리가 가능한 교사회를 조직하라	- 크리스마스 행사 - 졸업 여행

전도하자.

6. 11월(23개월 차)

새로운 학생 임원을 선출하고 내년도 교사 확보를 위해 뛰어야 할 시기이다. 훈련을 잘 받은 아이들이 다음에 올 사역자를 도와서 동역할 수 있도록 학생 임원단을 잘 꾸려 놓도록 하라. 그리고 교사 섭외에 있어서도 이제 내 사역이 끝이라고 대충 알아보고 때워서는 안 된다. 총력을 기울여 교사 섭외에 힘을 쓰라.

그리고 수능을 보는 아이들에게 관심을 기울이고 수험생을 위한 기도회를 하라. 그리고 수능시험이 끝난 뒤에도 고3 아이들을 잘 관리할 필요가 있다. 이 시기에 2학기를 맞아 친구초청 잔치를 기획하여 실행하는 것이 좋다.

교역자의 경우는 이때부터 사역지를 알아봐야 한다. 12월이 지나면 사역지를 찾기가 힘들어 진다. 혹시 다른 사역지가 없다면 주의 뜻으로 알고 있는 자리에서 계속 사역을 하는 것이 여러모로 은혜롭다. 새로운 사역지를 알아보지만 기존 사역으로부터 마음이 멀어지지 않도록 마음을 지키는 것이 중요하다.

7. 12월(24개월 차)

12월의 중점 사역 내용은 1년 차와 특별히 다를 것은 없다. 하지만 후임자를 위해 사역의 내용과 아이들과 관련된 자료를 잘 정리하고 남겨주기 위한 작업들이 필요하다.

chapter 13. 중고등부 교육 매뉴얼의 예

　균형 있는 청소년 사역을 꾸려가기 위해서 한 번쯤은 사역 전체를 아우르는 매뉴얼을 작성해 보는 것도 좋다. 자신에게 유익이 될 뿐만 아니라, 교역자와 교사 모두가 교육 철학과 과정, 내용을 함께 공유할 수 있기 때문이다. 잘 정리된 매뉴얼을 통해서 처음 사역하는 교사들도 빠른 시간 내에 부서를 이해하고 적절한 역할을 담당하게 될 것이다. 또 학부모들도 매뉴얼을 통해 부서의 상황과 교육 내용을 정확하게 전달받을 수 있다.

　교육 매뉴얼을 간략하게 정리하고, 월별 행사 계획만 정리하면 그게 바로 중고등부 연간 운영 기획안이 된다. 사역을 해 가면서 조금씩 자기만의 교육 매뉴얼을 만들어 내는 재미가 있다. 그래서 3부에서는 2부의 내용을 기초로 한 교육 매뉴얼의 실제 예를 제시해보려 한다.

Youth Revolution 중고등부

Ⅰ. 부서 개요

<u>1. 소개</u>

○○교회 중고등부는 중고등학생 연령대(13-19세)의 청소년들을 교육하는 부서로서 신앙 정체성 확립의 시기인 청소년기에 적합한 교육프로그램들을 다양하게 운영하고 있다. 중등부와 고등부로 분리 운영되던 두 부서를 ○○년 통합, 중고등부를 전담하는 전문사역자를 배치하여 보다 장기적인 교육 특성화를 꾀하고 있다.

○○년 '복음을 통한 삶의 혁신적인 변화'를 뜻하는 〈Youth Revolution ○○교회 중고등부〉라는 모토를 내걸고 새로운 출발을 다짐한 중고등부는 ○○년 현재 ○○여명의 학생과 ○○명의 교사가 함께 아름다운 공동체를 구성하고 있다.

<u>2. 교육 프로그램의 특징</u>

청소년기는 절대적 부모 의존성에서 벗어나 자아를 확립하고 미래의 비전을 고민하는 중요한 시기이다. 신앙의 가정에서 자란 아이가 부모의 신앙을 자신의 것으로 받아들이느냐 그렇지 않느냐 결정되는 시기이며, 불신 가정의 아이가 거부감 없이 신앙을 받아들이는 데 적기이다.

또 이미 믿는 아이들은 하나님 앞에 그 인생을 헌신하게 되는 중요한 시기이다. 따라서 이 시기에 어떤 교육을 받느냐 하는 문제는 아이의 자아 인식과 세계관 나아가 미래의 인생을 결정짓는 것과 직결된다 해도 과언이 아니다.

○○교회 중고등부는 이러한 청소년기의 특성을 고려하여, 교회 교육의 기

본 철학의 토대 위에 다음 세 가지 영역을 강조하여 교육하고 있다.

❶ **신앙 정체성 확립** 청소년 시기는 아직 자기 정체성이 명확하게 규정되지 않은 시기이기 때문에 신앙을 통해 자기 정체성을 확립하도록 도전할 수 있는 절호의 기회이다.

○○교회 중고등부에서는 새친구반과 순모임, 공과 교육과 제자훈련을 중심으로 청소년들이 성경적 자아상을 확립하도록 도와주고 있다. 아울러 각종 수련회와 행사를 통해 이를 돕고 있다. 이런 과정을 통해 아이들은 신앙의 궁금증을 해소하고, 하나님을 아는 지식의 체계를 세워감과 동시에 신앙 공동체를 경험하게 된다.

❷ **비전 확립** 청소년기의 신앙 정체성은 곧 자신의 미래적 사명을 발견하는 것과 밀접한 관계가 있다. 청소년기는 꿈꾸는 시기이다. 중고등부는 청소년들이 자신을 향한 하나님의 꿈을 발견하도록 도전하고 시야를 열어주는 교육을 지향한다. 이를 위하여 세상의 빛과 소금으로 살아가고 있는 각 직업인들을 만나는 직업 탐방 및 세미나, 선교적이며 국제적인 마인드를 길러주는 비전 트립 등의 프로그램을 운영하고 있다.

❸ **리더십 훈련** 청소년은 피교육자임과 동시에 교육자로서 첫 발을 내딛을 수 있는 시기이다. 기독교 교육은 스스로 교육자가 되어 가르치는 자의 입장에 서는 것으로 완성된다. '제자가 됨'과 '제자 삼음'은 함께 이루어져야 하는 일이다. 중고등부는 아이들의 리더십 함양과 제자 삼는 성숙한 제자로서의 모습을 완성해 가기 위해 리더십 훈련과 순장 훈련, 그리고 다양한 캠프를 진행해 가고 있다.

이러한 훈련을 통해 우리 아이들은 교회에서뿐 아니라 교회 밖에서도 선한 영향력의 끼치는 섬김의 리더로서 자라가게 될 것이다.

II. 조직

1. 조직도

```
교장
담임목사

지도            교육국
교육목사         국장

지도            운영부           학생자치회
담당교역자       부장             회장
                총무             부회장
                회계             총무
                서기             회계
                                서기
```

III. 예배 사역

	예배공동체	양육1공동체	양육2공동체	양육3공동체	교제공동체	전도공동체
공동체장	담당교사	담당교사	담당교사	담당교사	담당교사	담당교사
학생리더	고등부 회장	중등부 회장	고등부 회장	각 반 반장	각 팀장	각 팀장
팀	안내팀 예배준비팀 미디어팀 찬양팀 가브리엘 성가대 시온성가대 여디디아 워십팀	중1 (111~115순) 중2 (121~124순) 중3 (131~135순)	고1 (211~214순) 고2 (221~224순) 고3 (231~234순)	새친구반 학습반 세례반 리더반 순장반	새신자 관리팀 중보기도팀 문서(인터넷)팀 체육팀	안내팀 십대봉사단 축제사역팀 학원사역팀

1. 예배 준비 모임

팀 명	시 간	장 소	내 용
안내팀	토요일 오후 2시 30분	청소년부 예배실	새친구실 준비
예배준비팀			예배실 정돈
미디어팀			방송실 점검, 예배자료 준비
찬양팀			찬양 준비
성가대 (가브리엘/시온)	주일 오전 11시 30분		성가곡 준비
여디디아 워십팀	주일 오후		워십 준비

2. 예배 콘티

분류	순서	담당	시간	진행	효과지원
준비 30분	예배실 정돈	예배준비팀 미디어팀	15분	1. 예배실 정리 정돈 2. 설치물 설치	악기, 음향 test PPT test
	환영 및 안내	안내팀 미디어팀	15분	1. 안내위원 정위치 2. 주보 배부 3. 새친구 안내	찬양 On PPT On
예배 60분	신앙고백	찬양리더	20분	1. 신앙고백 후 찬양인도 2. 마지막곡 후 합심기도 중 퇴장	찬양 Off/찬양팀 등장
	찬양				반주 계속
	기도	학생임원	5분	1. 합심기도 말미 이어 대표기도	반주 멈춤
	헌금			1. 연주 혹은 찬양 2. 헌금 후 위원들 단 앞으로	해당 악기
	헌금기도				
	성경봉독	교역자	25분	1. 성경 봉독 후 바로 설교 2. 설교 후 바로 찬송으로	찬양팀 등장
	설교				
	찬송			1. 찬송 후 합심기도 2. 마무리 기도	찬양팀 (생일잔치시) 폭죽, 선물 외
	교제		10분	1. 광고 및 새신자 환영 2. 생일자 환영(매월 마지막 주)	
	축도				
정돈	순모임			1. 각 순 별로 모임	찬양 On

3. 예배 좌석 배치

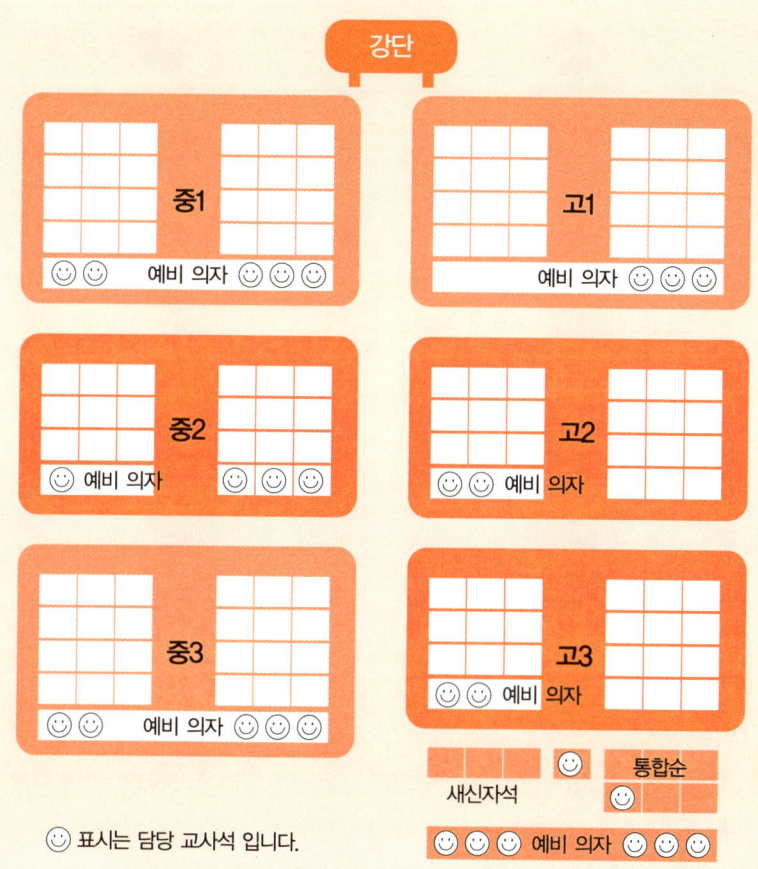

① 학년별 좌석은 앞뒤로 2개월씩 순환된다.
② 예배 순서 담당자는 학년 구역 안에서 중앙 복도 쪽 자리에 앉는다.

4. 안내팀

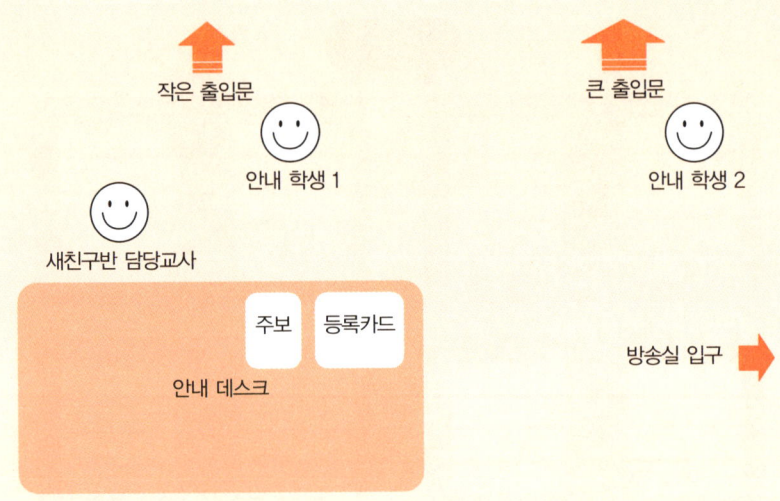

① 예배 15분 전부터 두 명이 한 조를 이루어 주보를 나누어주고 새친구 안내를 돕는다.
② 새친구반 담당교사는 안내 학생 1과 주보를 나누어주다가 새친구가 오면 맞이하여 등록카드를 작성하게 하고 안내 학생 2에게 인계한다.
③ 안내 학생 2는 주보를 나누어주다가 새친구가 오면 교사로부터 인계 받아 지정 좌석으로 안내한다. 새친구에게 전도자가 있는 경우 그와 함께 해당 학년 좌석으로 안내하고, 전도자가 없을 경우 새신자석으로 안내한다.
④ 안내 학생 1은 주보를 나누어 준다.
⑤ 안내 위원들은 찬양이 끝나면 철수하며, 보조교사 2인이 인수인계한다.
⑥ 안내 위원들은 정위치하도록 하며 지나친 장난이나 이동을 삼가고, 예배가 시작되면 일체의 잡담을 금지한다.
⑦ 안내 위원은 늘 밝고 친절한 태도를 유지하며, 최대한 깔끔한 복장으로 사역한다.

5. 찬양팀

중고등부 찬양팀은 매주 예배의 찬양을 준비하는 예배팀이다. 찬양은 하나님께서 우리에게 주신 놀라운 은혜이며 우리를 구속하여 주신 그분의 은혜에 대한 감격과 기쁨을 아낌없이 표현하는 것이다. 그러므로 찬양팀은 찬양을 통해 즐거이 기뻐하는 마음으로 하나님께 영광 돌리는 데 목적을 두고 있다.

▶예배 전에 찬양팀이 기도로 준비하고 있다.

　찬양팀을 함께 섬기고 싶은 학생들은 언제나 이런 마음의 중심이 가장 중요하다. 찬양팀은 마음이 하나님께로 향해 있는 학생이라면 언제든, 누구든 환영한다. 함께 하나님을 섬기며 찬양을 통해 진정한 자유함과 찬양 중에 함께하시는 그분의 임재를 경험하길 소망한다.

① 대상 : ○○교회 중고등부에 등록된 중고등학생으로 찬양에 대한 열정과 찬양을 통해 하나님께 영광돌리기를 기뻐하는 자
② 모임장소 : 매주 토요일 오후 3시 중고등부 예배실
③ 모임활동 : 매주 예배의 찬양을 준비하며 모임 중 양육과 간식 및 교제, 기도를 통해 찬양의 기쁨을 누림

6. 성가대

중고등부 성가대 중고등부 예배시간에 모든 학생을 대표하여 하나님을 찬양하기 위한 목적으로 세워진 팀이다.

① 구성 : 자원하는 마음을 가진 ○○교회 중고등부 학생.
② 모임시간 : 성가대는 주일날 두 차례 연습한다.
a. 예배 전 : 아침 8시 40분 ~ 9시 15분
b. 예배 후 : 아침 11시 15분 ~ 11시 45분
③ 활동
a. 매주 예배 시 성가대로 찬양
b. 연합수련회 '달란트 쇼' 출전(년 1-2회)
c. 노회 찬양·워십 경연대회 출전(년 1회)
d. 전국 주일학교 연합 찬양 워십 대회(년 1회/노회대회 입상 시)
e. 중고등부 주요 행사 공연
f. 성탄절 축하 행사 및 각종 특별 예배 순서 담당

7. 워십팀

워십팀은 매주 주일 예배 후 정기적인 모임으로 나눔과 연습을 하며 특별히 정기 활동이 계획된 달에는 주중에도 모임을 가지며 연습을 하고 예배한다.

    워십팀은 몸 찬양에 은사를 받은 학생들만의 전유물이 아니다. 몸으로 하나님을 찬양하고 표현하고 싶은 진심어린 마음이 있는 모든 청소년들에게 열려 있다. 팀원은 매년 1월 중순에 오디션을 통하여 모집하며 그 해 합류한 팀원들은 새로운 '기'가 된다. 오디션은 실력보다 지원자의 열정을 점검하는 데 초점을 맞추고 있다.

① 명칭 : ○○○ 워십팀
② 자격 : 중고등부에 등록된 중고등학생으로 하나님을 향해 멈출 수 없는 열정을 가진 학생 중 오디션을 통해 선발.
③ 정기활동

a. 매 달 한 번씩 정기 워십 예배로 찬양
b. 연합수련회 '달란트쇼' 출전(년 1-2회)
c. 노회 찬양 · 워십 경연대회 출전(년 1회)
d. 전국 주일학교 연합 찬양 워십 대회(년 1회/노회대회 입상시)
e. 중고등부 주요 행사 공연
f. 성탄절 축하 행사 및 각종 특별 예배 순서 담당

8. 특송, 헌금 위원 및 대표기도
① 특송은 매주 각 순별로 돌아가면서 준비하여, 봉헌 시간에 찬양한다.
② 헌금 위원은 매주 각 순별로 돌아가며 섬긴다.
③ 대표기도는 임원을 중심으로 순차적으로 담당하되, 필요시 비 임원 학생도 담당할 수 있다.

Ⅳ. 양육 사역

1. 청소년 양육 과정 표

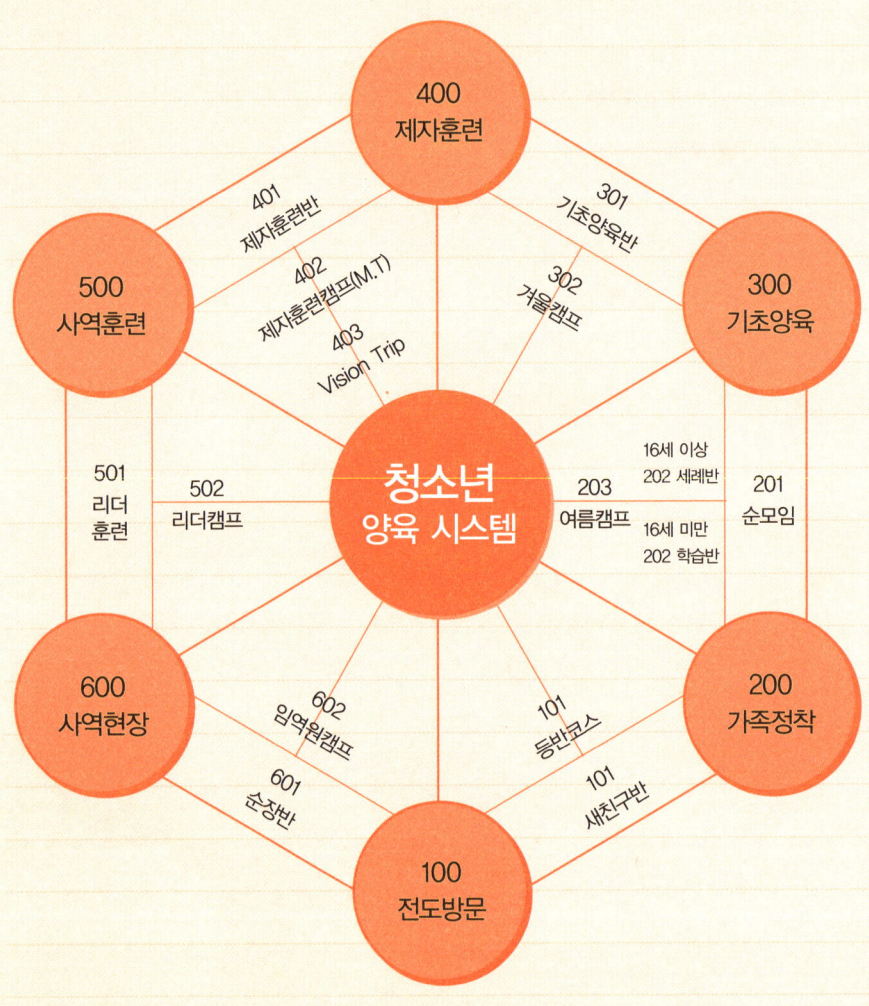

2. 청소년 양육 과정 해설

101) 새친구반 (총 5주 과정)

① 과정 개요 및 자격

중고등부에 처음 나온 새친구들을 대상으로 한 기초 신앙교육으로 총 5주 과정으로 이루어져 있다.

② 내용

a. 1주차 – 교역자 면담(교회 및 새친구반 소개)

b. 2주차 – 자기 소개 및 나눔

c. 3주차 – 하나님의 계획

d. 4주차 – 예수그리스도와 죄사함

e. 5주차 – 교회와 신앙생활

f. 5주차 교육 후 수료식(매월 마지막 주)

③ 운영

a. 예배 후 새친구 모임으로 안내(인도자가 있을 경우 인도자와 함께)

b. 새친구 모임은 간단한 다과와 함께 선물을 증정한다.

c. 신상파악 후, 간단한 담화를 나눈다.

d. 출석한 주를 제외하고 앞으로 4주간의 새친구반에 등록할 것을 권유한다. 새친구반 등록은 강제하지 않는다. 새친구반을 원치 않을 경우 다음 주부터 바로 순편성을 하되 인도자가 있는 경우 인도자의 순에, 없는 경우 순을 소개하고 원하는 순에 넣어 준다.

e. 새친구반을 이수한 경우에만 정식 중고등부 등록 학생이 된다.

f. 새친구반을 이수한 학생에게는 수료증과 소정의 상품이 지급된다.

g. 매년 1월 새 학년이 등반하면 공과교육을 통해 새친구반을 이수하게 한다.

④ 시행시기 및 교재
a. 새친구반은 매월 홀 수 주에 시작한다.
b. 교재는 자체 제작 교재로 진행한다.

102) 등반코스
① 과정 개요 및 자격
등반코스는 ○○교회 초등부 학생이 졸업을 통해 중고등부로 편입하는 경우에 대해 실시한다.

② 시행 시기 및 내용
a. 11월 마지막 주 – 학생 기록부 인수인계
b. 12월 첫째 주부터 마지막 주 전 – 초등부 학생 담임 접촉 및 학생 개별 접촉, 공과 참여
c. 12월 마지막 주 – 중고등부 임원 및 등반 학년 교사 인사
d. 1월 첫째 주 – 등반 학생을 위한 1박 2일 캠프 시행(임원회 주관, 중고등부 소개 및 교제)

201) 순모임
① 과정 개요 및 자격
순모임은 ○○교회 출석하는 모든 학생들이 속하게 되는 순에서 시행되는 모든 교육 활동을 포괄한다. 새친구반을 1주 이상 이수한 모든 학생은 순에 편성될 수 있다.

② 운영
a. 매주 주일 예배 후 1회, 30분 모임을 원칙으로 한다.

b. 최소 분기당 1회 평일 모임을 갖고 보고하며, 그 비용 중 일부를 예산에서 지원한다.
c. 순(반)은 각 학년 및 또래 집단 별로 분류하는 것을 원칙으로 한다.
d. 1개월 이상 평균 출석 10명 초과 시 분반을 원칙으로 한다.
e. 1-2회 결석 시 담임교사 문자 전화 심방 / 3-4회 결석 시 교역자 전화 심방 / 필요에 따라 직접 심방한다.
f. 담임교사는 학생의 생일 시 문자 메시지나 엽서를 필히 발송한다.
g. 학생의 시험기간에도 필히 연락을 취한다.

③ 담임교사의 역할 : 중등부에 해당
a. 매주 1-2회 학생들에게 연락 한다.
b. 결석 시 문자 혹은 전화 심방을 하여 학생의 결석 사유를 분명히 알고 있어야 하며 연속 3주 이상 결석 시 필히 교역자에게 심방을 요청하며 필요에 따라 직접 심방한다.
c. 담임교사는 학생의 생일 시 문자 메시지나 엽서를 필히 발송한다.
d. 학생의 시험기간에도 필히 연락을 취한다.
e. 최소 분기당 1회 평일 모임을 갖고 보고하며, 그 비용 중 일부를 예산에서 지원한다.
f. 담임교사는 중고등부 예배에 필히 참석함을 원칙으로 하고 예배 시작 10분전 학년 구역에서 순 학생들을 맞이한다.
g. 해당 공과를 철저히 준비하여 매주 최선을 다해 가르친다.

④ 코치교사의 역할 : 고등부에 해당
a. 순모임 후 시간을 정하여 리더 학생들과 다음 주 순모임을 준비한다.
b. 리더들을 철저히 목양 관리한다.

c. 해당 학년의 모든 학생에 대해 교역자와 동일한 원칙으로 관리한다.
d. 학년에 편성된 자체 예산을 관리하고 프로그램을 진행한다.
e. 수시로 교역자에게 보고, 상의하여 전체 교육 방향에서 어긋나는 독단적 결정을 하지 않도록 유의 한다.
f. 매주 지정된 시간에 담당 교역자와 학생리더 훈련을 준비한다.

⑤ 학생리더의 역할 : 고등부에 해당
a. 학생리더는 당일 설교 내용을 기초로 말씀 나눔을 진행한다.
b. 매주 필히 코치 교사의 순장반에 참여하여 순모임을 준비한다.
c. 중등부 담임교사에 준하는 학생 관리를 시행한다.
d. 순 안에서 진행되는 모든 사항에 대하여 코치교사에게 수시로 보고한다.

⑥ 교역자 지원
a. 점심시간 학교 방문(담임교사 가능 시 대동)
b. 평일 학교 및 학원, 가정 방문(필요시)
c. 장기결석 학생 전화 및 직접 심방

⑦ 교재
a. 중등부는 주교재 진도를 따라 자체 제작한 교재를 사용. 전 학년 동일하게 시행한다.
b. 고등부는 설교 일정에 맞춘 자체 교재를 사용한다.

⑧ 학생 기록 관리 및 통계
a. 담임교사 및 코치교사는 연초 학생 기록부를 형식에 따라 작성 혹은 추가 기재한다.

b. 학생 기록부는 교육국에서 보관하며 교사가 필요시 열람할 수 있다.
c. 교사 심방보고서에 입각하여 교역자가 추가 기재할 사항을 기재한다.
d. 각 반 교사는 효율적인 학생 통계와 관리를 위하여 출석부와 심방보고서를 매주 제출한다.

202) 학습 · 세례 · 입교 교육
① 과정 개요 및 자격
학습, 세례, 입교 교육은 총회에 자격기준에 따라 만 14세 이상으로 6개월 이상 교회에 출석한 학생(학습), 학습을 받고 6개월이 경과한 학생(세례), 유아세례를 받은 학생(입교)에게 시행된다.

② 시행방법 및 교재
a. 1월, 4월, 7월, 10월 첫째 주 문답식이 진행된다.
b. 문답식 이전 두 주간 교육이 실시되며, 필히 참석해야 자격이 주어진다.
c. 교재는 총회에서 출간한 학습, 세례, 입교 문답서를 사용한다.

203) 여름캠프
① 과정 개요 및 시행시기
놀이, 집회로 구성되는 관계 중심의 수련회다. 열린 수련회로 새신자나 신앙이 약한 아이들도 쉽게 다가갈 수 있는 수련회이다. 여름 방학에 실시한다.

301) 청소년 기초 양육반
① 과정 개요
오리엔테이션-창조-타락-구속-성화의 5주 코스로 신앙의 교리적 기초를 다지는 과정이다.

② 자격
a. 새가족 반을 이수하고, 순모임에 편성된 등록학생은 누구나 입문할 있다.
b. 어린이 양육과정 중 400과정 이상을 이수한 학생들은 면접을 거쳐 바로 과정에 진입할 수 있다.

③ 시행 방법 및 교재
a. 1월-3월 중, 7-9월 중 2회, 11-12월(중3을 중심으로) 1회 실시한다.
b. 5주 과정 중 단 1회라도 결석 시 탈락한다.
c. 교재는 BIM에서 출간한 「믿음의 균형 잡기①」 1-4과로 한다.

302) 겨울캠프
① 과정 개요 및 시행시기
놀이, 훈련, 집회로 구성되는 양육 중심의 수련회이다. 소그룹의 장점을 최대한 살리는 수련회로서 중등부와 고등부를 나누어서 실시할 수 있다. 소그룹 안에서의 교제와 양육을 체험케 하는 것이 이 수련회의 목표이다. 겨울 방학 혹은 봄 방학에 실시한다.

401) 제자훈련반
① 과정 개요
기초양육과정을 이수한 학생이 좀 더 깊이 있게 신앙에 대해 고찰하며 실제로 실습해 보는 과정이다. 총 9주 과정의 교육으로 두 번의 실습이 포함되어 있다. 오리엔테이션(1주), 경건생활(4주), 사회생활(4주), 전도실습, 봉사실습으로 구성된다.

② 자격

a. 청소년 기초양육반을 이수한 학생.

b. 어린이 양육과정을 모두 이수한 학생이라 할지라도 이 과정으로 바로 진입할 수 없다.

③ 시행 방법 및 교재

a. 1월-3월 중, 7-9월 중 2회, 11-12월(중3을 중심으로) 1회 실시한다.

b. 9주 과정 중 단 1회의 결석만을 허용하며 1회를 초과하면 탈락한다.

c. 실습과 과제에 관한 조건을 충족시키지 못하면 수료할 수 없다.(④ 실습과 과제 참조)

d. 교재는 BIM에서 출간한 「믿음의 균형 잡기①」 5-12과로 한다.

④ 실습과 과제

a. 경건생활 4주 교육 후 전도 실습을 하는데, 시기와 방법은 전도팀에서 결정한다.

b. 봉사실습은 십대봉사단 사역에 최소 1회 이상 동참하는 것으로 한다.(봉사시간 인정됨)

c. 과제는 아래와 같으며 각각 미제출 횟수가 1회를 초과하면 과정을 수료하지 못한다.

ⓐ 교회 Q.T 교재(자체제작) 점검 : 각 항목을 직접 손으로 써야함.

ⓑ 매일 기도 15분간 : Q.T 교재에 시행일 직접 기록

403) 비전 트립(Vision Trip)

① 과정 개요

선교적 비전을 품고 21세기 아시아와 세계를 향한 하나님의 꿈을 실현할 십

대 리더들의 잠재력을 깨우는 여행이다.

② 참가인원 : 학생 10명 / 교사 2명을 원칙으로 하되 사정에 따라 변경될 수 있다.

③ 지원자격 : 출발일 기준 중고등부 6개월 이상 출석한 학생 중 신청자를 받아 평가 기준에 따라 순위대로 선별한다.

④ 평가기준
a. 주일출석 – 20%
b. 매일 신약성경 1장 읽기, 매일 15분 기도하기 실천 – 20%
c. 비전 여행 훈련 참석 – 15%
d. 성경쓰기(필요에 따라 분량 규정) – 20%
e. 신앙서적 독후감 쓰기(매 시행 때 마다 1권 선정) – 10%
f. 행사 참여도 및 교사 평가 – 15%
g. 여름수련회 불참자는 점수와 관계없이 탈락.

⑤ 참가비용
헌금을 통한 전액 지원을 원칙으로 한다. (여권 및 비자 발급 비용은 각자 부담)
헌금의 종류는 아래와 같다.
a. 학생 작정 헌금   b. 장년 작정 헌금
c. 여름행사 특별 헌금   d. 선발자 자율 헌금

501) 리더 훈련
① 과정 개요
제자훈련반을 이수한 학생이 학생리더로서 더욱 훈련받고 그 역량을 발휘할 수 있도록 돕는 리더십 훈련, 은사 발견 훈련 과정이다. 리더훈련반의 목표는 자발적 심방, 전도, 봉사를 할 수 있는 학생 리더를 양육함에 있다. 총 4주의 집중 훈련 과정을 이수하게 된다.

② 자격
청소년 제자훈련반을 이수한 학생.

③ 시행 방법 및 교재
a. 1월-3월 중, 7-9월 중 2회, 11-12월(중3을 중심으로) 1회 실시한다.
b. 4주 과정 중 단 1회라도 결석하면 탈락한다.
c. 교재는 자체 제작 교재로 한다.

502) 리더캠프
① 과정 개요 및 시행 시기
리더훈련을 받은 학생들이 캠프를 통해 팀워크를 다지고, 함께 섬길 수 있는 발판을 마련하는 캠프이다. 전후반기로 나눠 연중 2회 실시 한다.

601) 청소년 순장반
① 과정 개요
리더훈련까지의 과정을 이수하고 순장으로 세워진 학생이 섬기는 순을 실제로 잘 돌볼 수 있도록 훈련하는 상시 과정이다. 순장 훈련은 코치교사 혹은 교역자에 의해 매주 실시된다.

② 자격
청소년 리더 훈련을 이수하고, 순장 및 예비순장으로 임명된 학생

③ 시행 방법 및 교재
a. 시험기간을 제외한 모든 주간 순모임 후 모인다.(시험 주간 인도 분량은 그 이전 주간에 미리 나눈다.)
b. 교재는 순모임 교재(설교 요약과 나눔)로 한다.

602) 임역원캠프
① 과정 개요 및 시행 시기
임역원과 순장 연합 캠프로 1박 2일로 년 중 1회 실시한다.

3. 양육 공동체 운영

	양육1공동체	양육2공동체	양육3공동체
공동체장	담당교사	담당교사	담당교사
학생리더	중등부 회장	고등부 회장	각 반 반장
팀	중1 (111~115순) 중2 (121~124순) 중3 (131~135순)	고1 (211~214순) 고2 (221~224순) 고3 (231~234순)	새친구반 학습반 세례반 리더반 순장반

1) 양육1공동체 – 중등부
① 중등부는 각 순별 담임교사를 배치하여 매주 총회 공과 진도에 따른 자체

교재로 공과 교육을 실시한다.
② 매주 주일 오후 1:00-2:00에 학년감을 중심으로 중등부 교사 전체 성경 공부 모임을 갖는다.

2) 양육2공동체 – 고등부
① 고등부는 각 순별로 리더 학생들이 설교 본문을 나누는 순모임을 진행한다.
② 각 학년 코치 교사는 매주 주일 오후 1:00-2:00에 고등부 리더들을 대상으로 순장 교육을 실시한다.

3) 양육3공동체 – 청소년 양육 과정 진입자
① 청소년 양육 과정 커리큘럼에 따라 진행한다.
② 지도 교역자의 총괄, 담당 교사의 지도하에 각 반 반장을 중심으로 목양, 교육 된다.

4. 임원회 및 학생 자치 활동 운영
1) 임원 구성 및 운영
① 회장/부회장/총무는 투표로 전년도 11월 중 선출 원칙(12월 회기 시작)
② 기타 임원은 지원자 및 추천자 중 선별하여 임명한다. 지원자는 아래 내용을 담은 서약서를 제출해야 한다.
a. 6개월 이상 교회 출석
b. 향후 모든 행사와 예배에 적극적으로 참여하며 최선을 다하여 다른 아이들을 섬겨야 함.
c. 책임 불이행 시 자격을 박탈 당할 수 있음.
③ 기타 임원은 진행 위원과 순장으로 구성.

④ 정기 임원 회의는 분기당 1회(12, 3, 6, 9월) 기타 상시 모임

2) 자치(부서) 활동
① 한 임원을 중심으로 특별한 목적을 가진 구성원들이 모였을 때 목적에 맞는 팀을 조직하고 그 임원을 팀장으로 임명한다.
② 팀으로 구성되면 지도 교사를 임명하고 예산을 편성, 지원한다.

3) 학생 온라인 커뮤니티
① 중고등부 아이들과 교사들, 그리고 교역자 간에 소통을 위해 온라인 커뮤니티를 운영한다.

5. 교사회 운영
1) 교사 훈련
① 신입교사 및 미교육 교사를 위한 장년 기초 양육 과정(12주)을 교사들은 필히 1회 이수해야 한다.
② 연중 2회 교사 재교육을 위한 정기 교사 세미나(각 1주 과정)
③ 온라인을 통한 공과 지도 및 나눔
④ 연중 필독서 2권 이상

2) 교사 기도회
① 매 주일 오전 교사 기도회 필히 참석
② 연중 2회 전체 교사 기도회
③ 필요에 따라 부분적인 기도회를 진행함

3) 학년별 교사 성경 공부
① 매주일 오후 1:00-2:00에 지정된 장소에서 진행된다.
② 중등부는 각 학년감의 총괄하에 연합 혹은 학년별로 공과를 진행한다.
③ 고등부는 코치 교사가 학생리더들을 대상으로 동일 방식 진행을 한다.
④ 중등부, 고등부 모두 월 1회 이상 교역자가 직접 공부를 인도한다.

4) 교사 심방
① 연중 1회 이상 교역자가 교사를 심방함.
② 학년감이 각 교사와의 시간을 조율, 심방 일정을 잡는다.
③ 부장, 총무, 학년감 중 1인 이상 동반을 원칙으로 하되 부득이할 경우 교역자 단독 심방한다.

5) 교사 단합회
연중 2회 이상 전체 교사 단합회를 진행함(기도회, 회의와 겸할 수 있음)

6) 교사회의
① 매 주일 오전 9:00 기도회 및 간략한 교사회의, 학년 별 회의 진행
② 연중 2회 전체 교사 기도회 후 간략한 회의 진행

7) 교사 주간보고
양식에 따라 출석, 심방 결과, 특이 사항 등을 기재, 매주 보고

8) 온라인 커뮤니티
교사 공지 사항, 학생 교육 및 관리 정보 공유, 교재 연구 등

6. 학부모 연계 교육

1) 학부모, 교사 기도회

① 매주 토요일 오전 11:00 학부모와 교사 기도회. 교육 전문가를 통한 학부모 교육과 병행.

② 월 1회 소그룹 모임을 갖는다.

3) 학부모 간담회

연 1회 이상 교육 보고 및 질의응답 시간을 갖는다.

4) 수험생을 위한 기도 모임

수능 당일 학부모 연합 기도회를 갖는다.

5) 학부모 연합 예배 및 집회

연 1회 이상 학생, 학부모 연합 예배를 시행한다.

Ⅴ. 교제 / 전도 / 봉사 / 선교(전도) 사역

1. 교제 공동체 운영

	교제공동체	전도공동체
공동체장	담당교사	담당교사
학생리더	각 팀장	각 팀장
팀	새신자 관리팀 문서(인터넷)팀 체육팀 중보기도팀	십대봉사단 축제사역팀 학원사역팀

1) 새신자 관리팀
'Ⅲ. 예배 사역'의 '4.안내부'의 내용을 참조한다.

2) 문서(인터넷)팀
① 모임
a. 매주 토요일 지정된 시간에 편집과 주보 준비를 위한 모임을 갖는다.
b. 인터넷 상의 홈페이지 관리에 관해서는 메신저를 활용한다.

② 주요 활동
a. 인터넷 중고등부 홈페이지 관리
b. 주보 제작
c. 기타 중고등부와 관련한 온-오프라인 문서 작업

③ 기자단 모집
a. 제한 조건은 없으며 수습 3개월을 거쳐 정식 기자로 임명한다.
b. 기자는 홈페이지에 주 1회 글을 등록해야 한다. 글의 형식에는 제약이 없으며 주보에 게재할 수 있다.
c. 정해진 리포트가 있을시 수행한다.

3) 체육팀

① 모임

a. 각 체육팀은 매주 주일 오후 2:30부터 체육활동 정규 모임을 갖는다.

b. 체육팀의 각 분과는 뜻이 있는 학생들이 결집하면 상시로 구성할 수 있다.

② 주요 활동

a. 축구팀의 각종 대회 참석 (○○년 YFC 전국 청소년 축구대회 참석)

b. 교회 대항 경기 주선

4) 중보기도팀

① 모임

a. 중고등부 중보 기도팀은 매주 토요일 11:00에 실시되는 교사, 학부모 기도회를 중심으로 활동하며 필요에 따라 상시적인 모임을 갖는다.

b. 중고등부의 사역, 학생 개인의 고민 등 모든 기도제목을 놓고 기도한다.

c. 필요한 기도제목을 교회 기도특공대에 보고하고 함께 기도한다.

2. 전도 공동체 운영

1) 십대봉사단

① 개요

○○교회 십대봉사단은 현재까지 노인복지기관인 〈샬롬의 집〉과 연계하여 매월 1회 봉사활동 및 필요 물품 일부를 지급해 왔다. 담당교사를 중심으로 매회 자원자와 함께 사역을 감당하고 있다.

② 사역

a. 매월 마지막 주 13:30에 샬롬의 집으로 출발한다.

b. 봉사단은 봉사단원을 중심으로 매회 자원자를 받아 함께 사역한다.
c. 사역의 확장 영역을 연구, 기획한다.

2) 축제사역팀
① 개요
연중에 추진되는 테마별 전도행사를 주관하는 사역을 담당한다. 현재 연 2회 형태로 되어있는 전도행사를 통해 학생들의 전도에 대한 관심을 고취시키고 독려하는 장을 만드는 것이 축제사역팀의 사역이다.

② 사역
a. 축제사역팀은 전도와 교제 활동을 독려하기 위한 행사를 기획한다.
b. 행사의 진행은 전 교사와 임원단들이 연합하여 담당한다.

3) 학원사역팀
① 개요
중고등부 전도팀으로 활동하던 사역을 ○○년부터 전도 공동체 안에 학원사역팀으로 새롭게 발족하여 시작하게 된다. 전도팀은 현재 교회 근교 인접한 4학교(A중고, B중, C중고, D중학교)대상으로 첫째, 셋째, 다섯째 토요일 오전 10시~12시 학교 앞 약간의 먹거리(캐러멜, 요구르트, 사탕, 휴지, 설문지, 초청장, 교사 명함 등)를 가지고 전도활동을 하고 있다.

아울러 각 학교의 학생들이 전도할 친구들을 초대해 일명 '피크닉 전도'를 실시하기도 한다. 피크닉 전도는 교회 선생님과 교역자가 현장에 찾아가 학생들을 만나 함께 운동하며 또한 맛있는 음식을 먹으며 교제를 나누는 것을 말한다.

학원사역팀으로 발족되는 ○○년부터는 사역 대상 학교를 더 확장하고, 학교 내 기독 교사 혹은 교목과 연계하여 더 깊은 교회 학원 연합 사역으로 발을 내딛으려고 한다.

② 사역
a. 각 학교별 담당 교사가 전도사역을 주관한다.
b. 임원 및 순장 학생들을 학원사역팀과 연계하여 연합 전도 활동을 전개한다.
c. 교역자는 매주 토요일 전도활동 순회와 아울러 평일 학원연계사역을 전개한다.

3. 해외 선교
1) 비전 트립
: 청소년 양육 과정 403)비전 트립 부분 참조

2) 담당 선교사 후원
① 선교국에서 지정하는 담당 해외 선교사에 대하여 분기별 1회 예배 중 기도 시간을 갖는다.
② 연 1회 선교사를 위한 특별 헌금을 실시한다.
③ 선교사 귀국 시 강사로 초빙한다.

Ⅵ. 교사 모임 및 교육 안내

	제목	시간	진행		장소
교사 모임	교사 경건회	매주 주일	08:50-09:10	경건회 및 광고	청소년부실
	교사 성경공부	매주 주일	13:00-14:00	공과 준비	지정된 장소
	학부모 교사 기도회	매주 토요일	11:00-12:00	찬양	지정된 장소
				말씀	
				기도회	
				소모임	
	교사 월례회	월 1회	지정된 시간	전교사	지정된 장소
	교사 MT	년 2회	지정된 시간	전교사	지정된 장소
교사 교육	교사 세미나 (재교육)	년2회 (2주)	별도의 커리큘럼에 따라	대상 교사	지정된 장소
	기초 양육 코스 (전 교사 필수)	년 2회 (12주)	별도의 커리큘럼에 따라	대상 교사	지정된 장소

나가는 글

한국 교회 중고등부서의 위기에 대해서 언급하기 시작한 지도 제법 많은 시간이 흐른 것 같다. 그리고 여전히 우리는 위기를 외치고 있다. 답은 생각보다 우리 가까이에 있는 것 같다. 하나님께서는 여전히 우리의 충성을, 우리의 수고를 요구하고 계신다.

청소년 사역은 절대 폼나는 사역이 아니다. 강의나 집회를 하다보면 간혹 현장 사역자들에게서 선망의 시선을 느낄 때가 있다. 강사인 내가 자신들과는 뭔가 다른 멋진 사역을 하고 있다고 오해하는 것 같다.

그러나 중고등부 사역 현장이 사역자가 마냥 폼만 잡고 있도록 놔둘 만큼 그렇게 호락호락한 곳인가? '지긋지긋한 녀석, 신물 나는 녀석!' 하다가도 주일날 안 보이면 이내 전화버튼을 누르고 있는 비굴한(?) 내 모습을 발견하는 곳, 그곳이 중고등부 사역 현장이다. '세상에 뭐 이런 것들이 다 있나?' 하며 한숨 쉬다가도, 녀석들의 감동스런 한 마디에 줏대도 없이 싱글벙글하게 되는 곳, 바로 그곳이 현장이다.

해마다 올해만 하고 끝내야지 다짐하다가도, 얼결에 새 해를 맞고는 '내가 왜 또 이 일을 맡았을까?' 후회하는 곳이 현장이다. 중고등부사역 이제는 그만해야지, 그만해야지 그렇게 십년 째 버틴 곳이 이곳이다. 나도 그렇게 여러분들과 똑같이 바닥을 기고 있다. 왜인가? 중고등부 사역은 아이들과 함께 바닥에서 뒹구는 사역이기 때문이다.

화려함이 없어도, 누구 하나 알아주지 않아도 우리는 이 사역을 절대로 포기할 수 없다. 우리의 눈물과 땀은 결코 헛되지 않을 것임을 알기 때문이다. 이 땅의 청소년들이 우리의 눈물과 땀을 양분삼아 자랄 것을 알기 때문이다.

요란한 구호나 행사로 되는 것이 아니다. 이대로는 안 된다는 혈기어린 비판이나, 이렇게만 하면 무조건 배가한다는 무슨 사역 비법으로 되는 것도 아니다. 청소년들을 살리는 일은 오늘도 묵묵히 보이지 않는 자리에서 그 영혼들과 씨름하는 현장 사역자들에게 달려 있다.

떠드는 사람은 많다. 그러나 대가를 치르려는 사람은 적다. 입으로 사역하려는 사람은 많다. 그러나 말하고자 하는 것을 구현하고자 몸부림치는 사람은 적다. 청소년을 말하는 사람은 많다. 그러나 청소년, 그 한 영혼을 붙들고 씨름하는 사람은 적다.

우리 사역자들은 속지 말아야 한다. 현란한 구호나 행사, 화려해 보이는 몇몇 현장들이 주는 허상을 버려야 한다. 어리석은 비교 뒤에 발견하는 초라한 내 모습, 내 사역 현장에 대한 좌절감이야말로 사단이 원하는 그것이다.

다음 세대의 소망이 어디에 있는가? 오늘도 어린 녀석들의 괄시를 받아가면서 어떻게든 사람 만들어 보겠다고 애쓰는 사역자의 몸부림에 있다. 있는 성깔 없는 성깔 다 포기하고 아이들 뒤치다꺼리 하는 우리 현장 목회자들과 교사들의 간절한 마음속에 있다. 아이들의 발밑에서, 그들이 서 있는 바로 그 바닥을 닦고 있는 우리의 거친 숨소리에 깃들여 있다.

이제 이렇게 지난 10년간의 사역을 지면에 담고 나니, 숙제를 다한 것 같은 뿌듯함을 느낀다. 그러나 한편으로는 왠지 모를 아쉬움이 남는다. 말 그대로 시원섭섭하다 할까?

글을 정리하면서 지난 사역의 장면들이 주마등처럼 스쳐 지나갔다. 즐거움, 기쁨, 아쉬움, 안타까움, 슬픔, 몇 번이나 혼자 미소 짓고, 눈물 지었는지 모르겠다.

지독했던 사춘기 시절, 한 전도사님과의 만남이 있었다. 6개월간의 짧은 만남이었지만, 그 만남이 지금의 나를 있게 했다. 사람과 사람이 만났고, 한 인생이 변화되었다. 하나님의 이 방법에 매료되어 지금까지 달려왔다.

하나님께서는 사람을 통해 역사하신다. 사람을 통해 한 영혼을 변화시키신다. 그래서 우리가 지키고 있는 이 자리야말로 너무나도 귀한, 너무나도 복된 자리다.

책을 닫으면서 이 책을 함께 나누고 있는 사랑하는 동역자들에게 깊은 사랑과 감사를 전한다. 보이지 않는 곳에서 헌신하는 여러분들이 있어서, 오늘도 우리 아이들이 든든히 서 갈 수 있음을 분명히 믿는다. 그리고 함께 동역하며, 아이들을 사랑하는 이 길을 끝까지 걸어갈 수 있기를 소망한다. 절대로, 절대로 포기하지 말기를! 우리의 땀과 눈물은 결코 헛되지 않을 것이다!

"울며 씨를 뿌리러 나가는 자는 정녕 기쁨으로 그 단을 가지고 돌아오리로다"(시 126:6).